KiWi

1828

Das Buch

Eine der coolsten Mütter des Internets erzählt, wie man bei all dem Irrsinn entspannt bleibt.
Vom Schwangerschaftstest über die Geburt bis zum Wochenbett und dem ersten Geburtstag des Kindes. Was man zu Schwangeren auf keinen Fall sagen darf, was »Wart's-mal-ab«-Mütter sind und noch viel mehr versammelt Julia Knörnschild in ihrem Buch für angehende Eltern, für Eltern von Kleinkindern und für alle, die gern lustige Geschichten aus dem Alltag zwischen Stilleinlage und Toniebox lesen. Ohne erhobenen Zeigefinger und immer gut gelaunt will dieses Buch dem Druck, der vor allem auf Müttern lastet, eine deutliche Message entgegensetzen: Cool Moms don't judge!

Die Autorin

Julia Knörnschild ist nicht nur Frau, sie ist auch Mutter. Sie hat es tatsächlich hinbekommen, zwei Kinder großzuziehen. Zumindest hat sie es durch Schwangerschaft, Geburt, Wochenbett und das erste Jahr mit Baby geschafft. Da diese vier großen Lebensereignisse gar nicht so chillig sind, versucht sie, die Leser*innen mit ihrem Humor und ihrer positiven Art durch diese großen Lebensphasen zu bringen. Julia betreibt mit ihrer (Mutter-)Freundin Fanny Husten den Podcast »Mama Lauda«, in dem sie ungeschönt, ehrlich und lustig übers Muttersein sprechen.

Julia Knörnschild
Daniela Wilmer

CHILLIG MIT BABY

So sind Schwangerschaft, Geburt und die Zeit danach wirklich

Kiepenheuer & Witsch

MIX
Papier | Fördert gute Waldnutzung
FSC® C014496
www.fsc.org

5. Auflage 2025

Unter der Mitarbeit von Daniela Wilmer
Covergestaltung: FAVORITBUERO, München
Coverillustration: © Anna Katharina Jansen
Gesetzt aus der Legacy und der Uberhand Text Pro
Satz: Buch-Werkstatt GmbH, Bad Aibling
Druck und Bindung: GGP Media GmbH, Pößneck
ISBN 978-3-462-00190-7

Für den Vater der Kinder,
das Vorbild aller Eltern

Vorwort

Warum es dieses Buch gibt, obwohl es tausend Eltern-Ratgeber gibt, fragst du? Das kann ich dir sagen: Ich hätte mir dieses Buch selbst gewünscht. Viele Eltern verraten einem nicht, wie das alles wirklich wird, wenn man dann schwanger und das Kind auf der Welt ist. Das könnte verschiedene Gründe haben. Wenn man erst mal ein Baby hat, das dann zu einem Kind wird, merkt man, was das alles für ein hustle ist. Auch ich versuche oft, anderen die perfekte kleine Familie vorzuspielen. Die Familie, bei der es keine Probleme gibt. Aber mit dem Baby fangen die Probleme oft erst an. Sei es in der Liebesbeziehung, mit den eigenen Eltern oder den Schwiegereltern. Da hat jede*r von uns eine eigene kleine Baustelle. Ein wichtiges learning ist auch, dass andere Eltern andere Erziehungsmethoden haben. Mischt euch niemals ein. So verliert man Freund*innen. Was ich mit dem

Buch also sagen will, ist: Es ist okay, nicht perfekt zu sein. Es ist okay, schwach zu sein, aber es ist auch okay, alles mit Humor zu nehmen. Und das mache ich hier und jetzt in diesem kleinen Buch. Das Buch ist so klein, es trägt eine Windel. Dieses Buch ist auch ein seeehr intimer Einblick in meine letzten Jahre.

Aber wisst ihr, was trotzdem richtig geil ist: eigene Kinder. Die guten Zeiten überwiegen die anstrengenden Zeiten. Wenn man gerade in einem Tief ist, denkt man, dass man da nie wieder rauskommt. Deshalb empfehle ich in jedem Tief und bei jedem Wachstumsschub vom Baby, an dieses Buch zu denken. Die wichtigste Regel im Eltern-Alltag mit Baby ist: Nehmt euch selbst nicht zu ernst und merkt euch eins: COOL PARENTS DON'T JUDGE.

Aber, Achtung, Achtung: Ich warne euch vor meinem gefährlichen Halbwissen. Ich bin keine Hebamme und keine Ärztin. Ich erzähle von meinen Erfahrungen und Erinnerungen. Hört auf, mich zu judgen, okay?

Außerdem wäre es schön blöd, hier keine Werbung für meinen Podcast MAMA LAUDA zu machen. Fanny Husten und ich waren gleichzeitig schwanger und haben drei Wochen voneinander entfernt unsere Babys bekommen. Daraus haben wir einen coolen, lustigen und seeehr ehrlichen Eltern-Podcast gemacht. Damit retten wir vielen Eltern den Alltag. Also hört unbedingt rein, wenn ihr nicht eh schon Laudinators seid.

Chillig durch die Schwangerschaft

Auf Plastik pinkeln

So eine Scheiße. Ich habe noch nicht mal meine Kontaktlinsen reingefummelt, da sitze ich schon auf dem Klo und pinkel auf einen Schwangerschaftsteststreifen. Ich trage also meine Brille, denn ohne die bin ich fast blind. Die Brille hat nur noch einen Bügel, weil der andere abgebrochen ist. Seit Monaten will ich sie reparieren lassen, aber wenn ich ehrlich bin, ist es auch egal, ich trage sie eh nur abends vorm Fernseher. Eigentlich ist es sogar ein angenehmes Tragegefühl, wenn man in Embryostellung auf der Couch liegt und der fehlende Bügel nicht gegen das Gesicht gedrückt wird.

Also: Ich sitze mit der schräg hängenden Brille auf der Toilette und uriniere auf diesen Schwangerschaftstest. Und auf meine Hand. Ich habe mir sogar diesen super teuren Test gekauft, der einem »schwanger« oder »nicht schwanger« anzeigt – ausgeschrieben, nicht nur irgendwelche Striche. Ich stehe einfach auf Fakten. Der Morgenurin soll am besten sein. Gut, wenn Google das sagt, pinkel ich mit meinem besten Urin des Tages auf den besten Test und warte fünf Minuten. Dieses Plastikteil sagt mir also gleich, ob sich mein Leben für immer verändert. Dafür hasse ich es. Wer ist dieser Plastikstreifen, dass er über mein Leben bestimmen darf? Warum ist er dunkelblau und weiß? Wer hat sich dieses Design ausgedacht? Und was wollte er mir damit sagen? »Uuuh, ich bin angenehm designt, damit du dich wohlfühlst.« Ich pisse dich gerade an! Hier fühlt sich gerade keiner von uns beiden wohl.

»Schwanger«

So eine verdammte Scheiße! Ich habe monatelang darauf gewartet, schwanger zu werden, und trotzdem fühle ich nichts. Ich halte ihn endlich in meinen Händen, den positiven Schwangerschaftstest und ich fühle mich leer. Ich starre mit meiner schräg sitzenden Brille an die Wand und sehe nichts. So muss ein schwarzes Loch aussehen. Trotz dieser Leere bleibt der Test positiv. Er schreit mich an: »Du bist schwanger!« Und jetzt?

Ich rufe bei meiner Frauenärztin an. Die weiß sicher Rat. Ich frage die Sprechstundenhilfe, ob ich heute noch vorbeikommen kann. Die sagt lachend: »Heute? Sie können gerne in drei Wochen kommen, vorher kann man mit dem Ultraschall gar nichts erkennen. Genießen Sie bis dahin den positiven Schwangerschaftstest. Wir sehen uns in drei Wochen.« Sie wirft hinterher: »Ach ja, und bloß nichts googeln. Da kommen Sie nur auf schlechte Gedanken.« Sie legt den Hörer auf und ich höre es nur noch tuten. Tuut tuut tuut. Ich starre wieder an die Wand. Und jetzt?

Ich google sofort los und bedanke mich gedanklich bei der Sprechstundenhilfe, dass sie mich überhaupt erst darauf gebracht hat. Ich tippe: »Bin ich wirklich schwanger, wenn der Test positiv ist?« und finde heraus, dass ich schwer krank bin und bald sterben werde. Danke für nichts, Google. Außerdem erzählt Google von einer Eileiterschwangerschaft, was bedeutet, dass ich in neun Monaten kein Baby in meinem Arm halten werde. Fuck. Und jetzt?

Ich entschließe mich dazu, niemandem von meiner Schwangerschaft zu erzählen. Ich bin nämlich die Erste im Freundeskreis und weiß noch gar nicht, wie man mit der ganzen Scheiße umgeht. Ich google noch ein bisschen weiter und finde heraus, dass man gar nicht neun Monate schwanger ist, sondern zehn Mondmonate? Ähm, what? »Das sind zehn mal vier Wochen, also sehr gute neun Monate.« Aha, o.k. Und jetzt? So hatte ich mir das alles nicht vorgestellt.

SSW, ET, WTF!?

Warum lieben Menschen eigentlich Abkürzungen? Die Abkürzungen aus der Hölle sind SSW und ET. Google ist voll von diesen Abkürzungen. Warum schließt man denn damit schon Menschen ohne Kinder oder Nichtschwangere kategorisch aus, die das natürlich nicht verstehen? Sagt doch einfach »Schwangerschaftswoche« und »Errechneter Geburtstermin«, verdammt. Mit den Wörtern kann doch jeder gut leben.

Obwohl ich wirklich gerne schwanger werden wollte, musste ich mich mit dem Gedanken erst mal auseinandersetzen. Ich fand's scheiße und schön und wieder scheiße und wieder schön. Ich bin in ein sehr tiefes Loch gefallen und habe mich alleine gefühlt. So alleine wie noch nie. Also fange ich wieder an zu googeln:

»Was heißt eigentlich schwanger sein?«

SSW: Schwangerschaftswoche

Ab jetzt wird in SSW, also Schwangerschaftswochen, gemessen. In jeder weiteren Woche verändert sich das Baby und jede Woche gibt es neue Baby-News. Ich nenne es mal Baby-Skills – was kann das Baby alles schon? Dazu wird mir eine App empfohlen, die anzeigt, wie groß das Baby gerade ist und welche seiner Körperteile sich gerade bilden. Natürlich habe ich mir dafür neun verschiedene Apps runtergeladen und geguckt, welche am lustigsten ist. Am lustigsten ist *Schwangerschaft+*, da wird das Baby in Süßigkeiten, Babytieren und Obst gemessen. Das kann man sich aussuchen. Mein Baby ist jetzt also ein Zuckerstreusel, eine Ameise oder ein Sesamsamen. Die App geht aber davon aus, dass alle Schwangeren in einer Beziehung leben und einen männlichen Partner haben. Hallo, die Gegenwart hat angerufen und direkt wieder aufgelegt.

ET: Errechneter Geburtstermin

Man kann online einen ET-Rechner finden. Da gibt man ein, wann man zuletzt seine Periode hatte, und der Rechner spuckt dann aus, wann das Baby ungefähr zur Welt kommt. An diesen Termin halten sich die Hebammen und Frauenärzt*innen. Die Schwangerschaft dauert 40 Schwangerschaftswochen. Gerechnet von der ersten Periode bis zum ET. Bei diesem ET-Rechner muss man eingeben, wie lange der eigene Zyklus immer geht. Da ich Zyklusschwankungen zwischen 20 und 32 Tagen habe, kommt bei mir immer ein anderes Ergebnis raus. Also warte ich auf den großen Schwangerschaftscheck bei meiner Frauenärztin und hoffe, dass sie mir helfen kann herauszufinden, wann da jemand aus mir rauskommen soll.

Die Nacht vor dem ersten Termin

Ich bin ultra aufgeregt. Ich lege mich mit Laptop ins Bett und mache schnell irgendeinen langweiligen Kitschfilm an, denn das ist bei mir eine Einschlafgarantie. Das ist natürlich auch ein absoluter Beziehungskiller und das größte Streitthema seit es Beziehungen gibt. Jedes Mal wenn ich bei einem Film einschlafe, bereut es der ganze Haushalt, es überhaupt in Betracht gezogen zu haben, mit mir einen Film zu gucken.

Was guckt man in so einer Situation, in der Nacht vor dem großen Frauenarzttermin? Gibt es einen passenden Film zu dieser Lebenslage? Klar: Ich schaue »Sex and the City – Der Film«. Carry will Mr. Big heiraten. Fuck, der »langweilige Kitschfilm« ist plötzlich so spannend, dass ich ihn komplett durchgucke. Mein Herz pocht und ich denke ununterbrochen darüber nach, ob ich wirklich schwanger bin oder nicht. Ich fühle mich normal und trotzdem schwanger. Auf der einen Seite spüre ich nichts, auf der anderen Seite habe ich mich bisher nach jeder Nacht noch schwangerer gefühlt. Diese ständige Schwangerschaftsmüdigkeit, die kontinuierliche Übelkeit, der ekelhaft flaue Magen und die Stimmungsschwankungen sind eigentlich der Beweis dafür, dass ich schwanger sein muss. Oder eben extrem nervös. Ich kann nicht schlafen. Die Frauenärztin wird morgen vielleicht mein komplettes Leben verändern. Egal, in welche Richtung es geht.

Am Ende des Films heule ich fast. Ich habe Tränen in den Augen, aber nicht wegen Carrie und Mr. Big, sondern weil es 23:30 Uhr ist. Immer wenn ich nicht schlafen kann, stöhne ich wütend, wälze mich verzweifelt im Bett und manchmal weine ich leise vor mich hin. Ich denke, dass ich nie wieder in meinem Leben schlafen können werde, dass niemand mich aus dieser Situation retten kann. Ich werde zu einer Drama-Queen, wie sie im Buche steht – ja, auch in diesem. Gibt es eigentlich auch einen Drama-King? Frage für eine Freundin.

Weil ich wirklich gar nicht schlafen kann, mache ich »Sex and the City Teil 2« an und schaue auch diesen Film komplett durch. Ich bin hellwach, als wäre ich auf Drogen. Meine Augen starren wie die von einem kackenden Hund. Nach den beiden Filmen höre ich noch zwei Folgen des Podcasts von Charlotte Roche und ihrem anonymen Mann Martin an, lausche deren Beziehungsproblemen und fühle mich hellwach, wie der kackende Hund. Fuck, das wird heute nichts mehr. Um 04:30 Uhr schaue ich das letzte Mal auf die Uhr. Scheiße.

Wenn ich nicht so verkopft wäre, könnte ich meinen Freund wecken, der schlafend neben mir liegt. Aber ich mache immer alle Probleme mit mir selbst aus und fresse alles in mich rein. Das ist wahnsinnig ungesund und genau deshalb freue ich mich jede Woche über jede einzelne Therapiesitzung.

Endlich: Die erste Untersuchung bei der Frauenärztin (SSW 6+5)

Heute erfahre ich, ob ich wirklich schwanger bin. Ob da ein echtes Baby mit Windeln in meinem Bauch ist. Ich komme in die Praxis. Die Schwester schickt mich direkt mit einem Plastikbecher und einem Edding aufs Klo. »Bitte da reinpinkeln, Namen draufschreiben. In der Wand ist eine Klappe. Bitte stellen Sie den Becher da rein.« Fuck, ich war gerade erst pinkeln. Also setze ich mich aufs Klo. Ich setze mich richtig auf die Klobrille drauf. Andere würden Klopapier auf der Brille auslegen oder ihren Arsch in die Luft halten und sich wahrscheinlich dabei anpinkeln. Mich stört es nicht, mich auf einer öffentlichen Toilette richtig auf die Brille zu setzen. Ich habe mich in meinem Leben schon sehr oft in fremden Urin gesetzt und es hat mich nie wirklich gestört. Schlimm wird es erst, wenn ich mit meiner Hand die Türklinke der Toilette anfasse. Das finde ich richtig ekelhaft. Da spüre ich plötzlich jede einzelne Bakterie und will mir die Hand waschen und desinfizieren. Alleine beim Gedanken greife ich schon zum Desinfektionsmittel.

Also sitze ich auf dem Klo und halte den Plastikbecher unter meine Mu. Ich drücke, presse, warte und hoffe, dass wenigstens ein Tröpfchen rauskommt. Geil, es kommt was! Die Hälfte landet natürlich auf meiner Hand. Das passiert mir jedes Mal. Ich wasche mir die Hände, desinfiziere den Edding und schreibe meinen Namen auf den Becher und denke: Muss ich auch meinen Vornamen auf den Becher schreiben oder reicht mein Nachname? Brauchen die mein Geburtsdatum? Das brauchen die doch immer. Was, wenn es noch eine Julia Knörnschild gibt? Wenn ich den Becher gleich in die Klappe stelle, sieht dann jemand meinen Namen und weiß, dass da meine Pisse drin ist? Aber: Was soll's? Ich stelle den Becher in die Klappe, wasche meine Hände gründlich und setze mich ins Wartezimmer. Da werde ich direkt wieder aufgerufen: »Frau Knörnschild, bitte.« Ich freue mich, bin aufgeregt, endlich erfahre ich es. Aber ich werde nicht in den Behandlungsraum geschickt, sondern in den Raum neben der Toilette. Dort sehe ich meinen vollgepinkelten Plastikbecher und grüße ihn flüsternd: »Hi.«

Die Schwester nimmt meinen Blutdruck und sagt laut: »110/70.« Warum machen das Menschen, den Blutdruck laut ansagen? Was soll ich mit dieser Zahl anfangen? Ich kann mit dieser Zahl gar nichts anfangen. Macht doch, was ihr wollt mit der blöden 110/70. Sie stellt mich auf die Waage und ruft mein Gewicht. Ist das denn viel oder wenig? »Alles normal bei Ihnen, Frau Knörnschild.« Okay, danke. Puh. Ich setze mich wieder ins Wartezimmer, bis mich endlich Frau Dr. aufruft, und noch mal: »Frau Knörnschild, bitte.«

»Machen Sie sich schon mal untenrum frei und setzen sich dann hier auf den Stuhl. Ich komme gleich wieder.« Wenn ich bei meiner Frauenärztin bin, habe ich immer das Gefühl, dass ich mich möglichst schnell ausziehen muss. Ich will ja nicht, dass die anderen Frauen im Wartezimmer noch länger warten müssen. In solchen stressigen Situationen bleibe ich meistens in der Strumpfhose hängen und falle dabei gegen die Wand. Und so ist es auch diesmal. Da es sehr kalt draußen ist, trage ich eine Strumpfhose unter der Hose. Ich versuche Hose und Strumpfhose gleichzeitig auszuziehen, damit es schneller geht. Dabei bleibe ich in meinen dicken Wollsocken hängen und der Stuhl, der in der Umkleide steht, kippt um, sodass es laut knallt. Meine Frauenärztin kommt angerannt und fragt mich, ob alles okay sei. Ich stehe unten ohne da, an einem Fuß hängen noch Hose, Strumpfhose und eine Socke. Vor Scham halte ich mein sehr buschiges Bermudadreieck zu, obwohl sie meine Mu eh gleich aus der ersten Reihe bestaunen wird. Ich werde leicht panisch und rede Müll und erkläre ihr, dass ich immer gegen Wände laufe. Sie kann mit dieser Information sichtlich gar nichts anfangen und geht aus der Umkleide. Ich höre, wie sie sich Gummihandschuhe anzieht.

Einigermaßen beschämt klettere ich auf den Gynäkologenstuhl. Die Ärztin setzt ihre Brille ab und bittet mich, mit dem Unterleib weiter nach vorne zu kommen. Das sagt sie jedes Mal. Sie holt einen großen weißen Stab und zieht darüber einen kondomähnlichen Schutz und schmiert ihn mit einem Gel ein. Sie sagt: »Achtung, das fühlt sich kurz komisch an« und führt mir dieses Teil unten ein. Mit diesem Ultraschallgerät können wir in meine Gebärmutter reinsehen. »Herzlichen Glückwunsch, Frau Knörnschild. Sie sind schwanger.« Die Frauenärztin nimmt einen Taschenrechner, setzt ihre Lesebrille auf, tippt wild auf dem Taschenrechner herum und sagt: »Ihr ET ist am 15. August.«

In meinem Kopf tauchen plötzlich tausend Fragen auf:

Wann erfahre ich das Geschlecht des Babys?
Was ist eine Hebamme?
Warum brauche ich eine Hebamme?
Was macht eigentlich eine Hebamme?
In welchem Krankenhaus entbinde ich?

In welchem Krankenhaus hat wohl meine Frauenärztin entbunden?
Wann darf ich es jedem verraten?
Sagt man es der Familie schon vorher?
Ab wann wird man einen Bauch sehen?
Warum bin ich so müde?

Ich traue mich aber nur eine Frage zu stellen und gehe dementsprechend verunsichert aus dem Raum. Ich frage: »Wie finde ich eigentlich eine Hebamme?« Sie erzählt mir von einem Flyer, den ich gleich an der Rezeption bekomme, darauf sind alle Hebammen der Stadt aufgelistet, die ich abtelefonieren muss. In diesem Moment war mir noch nicht klar, dass man eine Hebamme so schwer bekommt wie eine Wohnung oder (Achtung, Spoiler) einen Kita-Platz.

Die Schwester winkt mich noch mal zur Rezeption. Sie kritzelt ganz viele Daten in ein kleines Papierheft und murmelt, dass wir uns jetzt wohl öfter sehen werden. »Was heißt denn öfter?«, frage ich. Sie kritzelt weiter und sagt laut, dass ich gleich sehen werde, wie oft.

»So, Frau Knörnschild, das ist Ihr Mutterpass. Den bringen Sie bitte zu jeder Untersuchung mit und tragen den am besten immer bei sich. Da stehen alle wichtigen Informationen zu Ihnen und Ihrer Schwangerschaft drin. Ihre Hebamme braucht den auch bei jedem Termin. Der ist sehr wichtig. Hier ist noch eine Broschüre mit einigen Hebammen in Ihrer Stadt. Die würde ich ab sofort alle anrufen und fragen, ob sie noch Zeit haben.« Und ich denke nur: »Fuck, ich werde den sehr wichtigen Pass safe jedes Mal vergessen.« Und genau das passiert am Ende auch.

Als Schwangere fühlt man sich ein bisschen wie eine Auszubildende. Man startet einen neuen Job und weiß nichts darüber. Eigentlich wüsste man am liebsten alles sofort, aber das ist nicht der Deal. Wir alle müssen da durch.

Das Ding ist nämlich, dass man bei der ersten Schwangerschaft und beim ersten Baby so einiges lernt. Das kann einem keiner alles vorher sagen. Außerdem - seien wir mal ehrlich - würde ich es niemals annehmen, weil ich denke, dass ich eh alles besser weiß und besser mache. Aber ich sage mal so: Wart's mal ab. Später dazu mehr.

Die große Hebammensuche

Wie sucht man eigentlich eine Hebamme? Ich kenne genau zwei Frauen, die schon Kinder haben. Die beiden sind zufällig Bloggerinnen, also checke ich auf Instagram, ob sie irgendwas zum Thema Hebamme gepostet haben. HA! Bei einer der beiden finde ich sogar ein Foto mit ihrer Hebamme, darunter ein Loblied auf ebendiese Frau. Sie hat sie sogar verlinkt. Ich schreibe ihr also sofort: »Hi, du wurdest mir empfohlen! Ich bin Julia und ich suche gerade heimlich eine Hebamme. Ich bin SSW7 und bin super neu im Baby-Bekomm-Business. Hast du am 15.08. schon was vor?« Sie antwortet mir mit einer Sprachnachricht, weil man das heute eben so macht, und sagt, dass sie gerade selbst im Wochenbett (auch das so ein Wort) liegt, also ein Baby bekommen hat, und dass sie am 15.08. im Sommerurlaub ist. Sie empfiehlt mir aber Hebammenpraxen bei mir in der Nähe. Die rufe ich täglich zweimal an und schreibe diese Mail:

Liebe Hebammen,
Überraschung: Wir sind auf der Suche nach einer Hebamme in unserer Nähe.
Ich, Julia, bin 29 Jahre alt und in der 7. SSW. Der Geburtstermin ist der 15. August. Ich würde mich freuen, euch kennenzulernen. Was muss ich dafür tun?
Wir sind gespannt!

Liebe Grüße
Julia

Da die Hebamme zufällig bei mir in der Straße wohnt, bekomme ich sofort eine Antwort mit der Ansage, dass ich vorbeikommen soll. Also vereinbaren wir einen Termin in zwei Wochen, auf den ich von da an ungeduldig warte. Schon wieder warten. Das scheint ein roter Faden zu sein bei diesem Thema.

Als ich 14 Tage später auf dem Weg zur Hebamme bin, freue ich mich. Das Haus ist mit Efeu bewachsen. Der Hinterhof ist schön. Optisch ist alles perfekt. Als die Hebamme mir die Tür öffnet, lobe ich ihre wunderschöne Praxis. Davon abgesehen weiß ich aber nicht wirklich, was ich sagen soll. Sie bietet mir Kräutertee an und füllt Papiere zu meiner Person aus. »Hast du irgendwelche Fragen, Julia?« Diese Frage setzt mich extrem unter Druck. Ich weiß, ich sollte Fragen haben, aber ich will lieber gar nichts sagen. Denn sonst merkt sie, dass ich gar keine Ahnung habe, was eine Hebamme eigentlich macht. In meiner Vorstellung holt eine Ärztin oder ein Arzt im Krankenhaus das Baby. Deshalb hatte ich eigentlich gehofft, sie würde mir das von sich aus erklären. Also stelle ich eine geschickte Gegenfrage: »Ja, was sollte ich denn fragen?« Ich weiß nicht so recht mit der Situation umzugehen, es ist wie eine Therapiestunde. Ich ringe mich dann einfach dazu durch, folgende extrem wichtige Frage zu stellen: »Ab wann darf denn die Familie ins Krankenhaus kommen?« Ich habe unglaubliche Angst davor, in einem sehr intimen Moment, nach der Geburt, gestört zu werden. Ich habe generell unglaubliche Angst; Angst davor, schwanger zu sein, Mutter zu werden, ein Baby zu haben. Die Hebamme könnte mich mit einem Fingerschnips zum Weinen bringen und das merkt sie auch. Sie schreibt mir direkt mehrere Therapeut*innen und andere Expert*innen auf, die ich alle anrufen soll.

Q1- Die Frühschwangerschaft

Ich war in meinem ganzen Leben noch nie so müde. In den ersten drei Monaten schlafe ich ständig überall ein, wie früher besoffen auf der Couch im Club. Ob beim Kaffeekränzchen bei Oma, bei der Autofahrt auf dem Rücksitz oder auf einer Party bei Freunden, ich schlafe wirklich überall. Wie ein Stein. Die Schwerkraft zieht meinen Körper und meine Augenlider einfach nach unten, sodass sie sich anfühlen wie sehr große, sehr schwere Steine. Außerdem ist mir durchgängig kotzübel, vor allem Gerüche bringen mich ans Ende meiner Kräfte. Wie schlimm plötzlich rauchende Menschen sind, wenn sie auf der Straße vor einem laufen. Egoistische scheiß Raucher. Ich muss natürlich dazusagen, dass ich vor der Schwangerschaft leidenschaftlich gerne geraucht habe, wenn ich getrunken habe. Aber jetzt mache ich ja beides nicht mehr und deshalb judge ich rauchende Menschen, die vor mir laufen. Hört auf zu laufen!

Auf dem Weg zur Arbeit muss ich jeden Tag an einem McDonald's vorbei. Dort stinkt es so nach altem, frittiertem Fett. Das alte Fett sammelte sich an der U-Bahn-Schacht-Decke. Die Decke ist schon ganz gelb von diesem Dampf. Eines Morgens kommt es mir hoch, als ich daran vorbeilaufe. Ich spüre richtig, wie mein Frühstück von ganz tief unten nach oben gepumpt wird und sich das Wasser in meinem Mund sammelt. Mir bleiben nur wenige Sekunden, um einen Mülleimer zu finden, in den ich reinkotzen kann. Wuuuaaaah! Ich breche mehrmals in den Mülleimer, aus dem es ebenfalls so schlimm stinkt, dass der Geruch eine Kettenreaktion hervorruft und ich nicht aufhören kann zu kotzen. Wuah wuah wuah! Währenddessen laufen ungefähr 394023 Menschen an mir vorbei. Kein Einziger davon fragt mich, ob alles okay ist. Hey, wir sind immer noch in einem U-Bahn-Schacht in einer großen Stadt. Da kotzt ständig irgendjemand.

Die ersten drei Monate bestehen wirklich aus viel Kotzen und viel Schlafen. Gerade beim ersten Kind will ich beides noch genießen. Denn danach würde ich ja nur noch in Anwesenheit einer zweiten (sehr kleinen) Person kotzen, und schlafen wäre dann ja eh over and out.

Wann sage ich es Freund*innen und Familie? (SSW10)

Eigentlich kann ich keine Geheimnisse für mich behalten. Wenn mir jemand ein Geheimnis verrät, muss ich es sofort einer vertrauten Person sagen. Jetzt haben mein Freund und ich ein eigenes, sehr kleines Geheimnis. Ich stelle mir vor, wie der Zellhaufen in mir drin schon eine kleine Windel trägt. Süß.

Die Weihnachtsfeier mit Freund*innen

In meinem Freundeskreis bin ich für meine sehr große Liebe zu Wein bekannt. Jeder weiß, dass ich ein Alkoholproblem habe. Ich trinke wirklich sehr gerne Wein, okay!? Eine gute Freundin meinte sogar schon: »Wenn du mal schwanger wirst, wirst du es niemals verheimlichen können. Sobald du nicht mehr trinkst, weiß jeder Bescheid.« Da dachte ich mir sofort: Challenge accepted. Wenn ich schwanger bin, werden die was erleben.

Als es dann tatsächlich so weit ist, muss ich mir also einen Masterplan ausdenken: Bei der Weihnachtsfeier mit meinen Freundinnen erkläre ich mich freiwillig bereit, mich um die Getränke zu kümmern. Ich habe die – in meinem Kopf – mega gute Idee, einen Glühwein selbst zu machen. Der besteht allerdings nur aus Traubensaft und weihnachtlichen Gewürzen – in der Küche schenke ich den anderen dazu heimlich Schnaps nach. Es ist also jede Menge Arbeit und meine schauspielerische Leistung an diesem Abend verdient mindestens einen Oscar.

Trotzdem denke ich die ganze Zeit: Die riechen doch den Braten. Die Stimmung ist dadurch super social akward, ich würde am liebsten gehen. Normalerweise bin ich in meinem Freundeskreis diejenige, die bei einer Feier für die Stimmung sorgt und alle Leute bei Laune hält. Ich moderiere solche Abende eigentlich immer. Heute habe ich das Gefühl, die Stimmung eher runterzuziehen. Aber ich halte durch und verrate nichts. Am Ende hat es keiner gemerkt.

Der Geburtsvorbereitungskurs

Ich glaube, alle Eltern haben mindestens eine witzige Geschichte aus ihrem Geburtsvorbereitungskurs. Warum? Weil hier Welten aufeinanderprallen. Im echten Leben bewegen wir uns ja alle – mehr oder weniger – in unserer kleinen Bubble. Crazy, aber isso. Wenn ich durch meinen Kiez schlendere, dann sehe ich fast nur Leute, die ein ähnliches Leben haben wie ich. Ich weiß gar nicht, ob ich das gut oder schlecht finde, es ist erst einmal nur eine Feststellung. Aber irgendwie sucht man sich ja schon ein Wohnviertel aus, mit dem man sich identifizieren kann und in dem man sich im besten Fall wohlfühlt. Das ist natürlich super privilegiert. Das weiß ich sehr zu schätzen.

Im Vorbereitungskurs trifft man dann aber auch Paare, die in völlig anderen Bezirken wohnen, anders sozialisiert sind oder einfach andere Prioritäten setzen.

Und nichts liebe ich mehr als solche Sozialstudien: einfach mal zwei Stunden zurücklehnen und Menschen beobachten. Vor allem in der ersten Schwangerschaft kennt man ja meist noch nicht so viele andere werdende Eltern und deshalb ist es noch mal doppelt spannend zu sehen, wie die Paare miteinander umgehen und die Dynamiken zwischen den beiden sind. So here we go!

Unser Kurs geht sechs Wochen lang, immer für jeweils zwei Stunden in der Woche. In der ersten Stunde sollen die Frauen alleine kommen, erst danach dürfen die Männer dabei sein. Das finde ich erst etwas befremdlich, checke aber später, warum das tatsächlich Sinn macht. Der Kurs ist nur zwei Straßen von uns entfernt und ich bin sicher, dass dort viele nette Paare sind – vielleicht lernt man sogar ein neues cooles Paar aus dem Kiez kennen, denke ich noch ganz naiv. Schon beim ersten HALLO weiß ich, dass das nicht der Fall sein wird. Okay, okay, nennt mich oberflächlich, aber ihr kennt das doch selber. Man weiß einfach oft schon auf den ersten Blick, ob es mit anderen passt oder nicht. Das heißt ja nicht, dass man nicht trotzdem für den Moment eine gute Zeit zusammen haben kann, aber tiefere Freundschaften werden meistens eher nicht daraus. Ist ja auch wurscht, ich bin ja auch eigentlich nur hier, um alles rund um die Geburt zu lernen.

Wenn ihr mich jetzt fragen wollt, ob ein Geburtsvorbereitungskurs wirklich Sinn macht, muss ich euch antworten: Schwer zu sagen, denn erstens ist jeder Kurs anders und steht und fällt natürlich mit der Person, die da vorne steht und erklärt. Dann kommt es auch darauf an, wie sehr man sich selbst darauf einlässt. Wenn ihr eh keinen Bock habt, dann werden sich die Stunden wahrscheinlich wie Kaugummi ziehen. Ich habe dort tatsächlich einiges erfahren, was ich vorher nicht wusste, und anders als bei Büchern kann man Rückfragen stellen. Ohne den Kurs wäre ich auf jeden Fall noch unwissender gewesen. Was allerdings wirklich interessant war, war das Thema Wochenbett und was in dieser Zeit auf die Väter zukommt.

Die Schwangere in der Beziehung hat den Vorteil, dass sie sich viel früher mit dem Baby auseinandersetzt, weil es einfach in ihr drinsitzt. Wobei ich das nicht allen werdenden Vätern unterstellen möchte. Wie viele Väter in meinem Freundeskreis ab Sekunde 0 am Start waren und das Nest gebaut haben: toll.

Jedenfalls stellt uns die Hebamme, die den Geburtsvorbereitungskurs leitet, Fragen. Zuerst sollen die Frauen und dann die Männer antworten. Sie fragt beispielsweise: »Was glaubt ihr, wie sehr sich euer Leben mit Kind verändern wird? Was glaubt ihr, wie sich euer Schlaf verändern wird? Was glaubt ihr, wie sich euer Essverhalten ändern wird?« Und so weiter ... ihr habt sicher eine Idee davon, in welche Richtung diese Fragen gehen. Antworten sollten wir dann alle anhand von Zahlen zwischen 10 für »große Veränderung« und 1 für »keine bzw. kaum Veränderung«. Wir haben also die, nach unserer Meinung, passende Zahl auf ein Blatt geschrieben und dann in der Runde gezeigt. Die Frauen schreiben konstant Zahlen zwischen 8 und 10 auf. Uns ist allen klar, dass bald Essen und Schlafen eher Mangelware sein werden. Die Männer komischerweise, ausgenommen mein Freund, schaffen es gar nicht erst über die Zahl fünf hinaus. Das findet auch die Hebamme interessant und hakt noch mal nach, wie denn das sein kann, dass die Männer glauben, weiterhin durchschlafen zu können und jeden Tag warmes Essen auf dem Tisch stehen zu haben? Die Antworten sind fast zu peinlich, um sie aufzuschreiben ... ihr müsst jetzt ganz stark sein. Ich zitiere: »Wieso sollte ich denn nachts aufstehen, ich muss ja schließlich morgens arbeiten!« »Sie ist doch den ganzen Tag zu Hause, dann kann sie doch kochen!« »Ich kann ja eh nichts für das Kind tun, solange sie stillt!«

Ich kann gar nicht fassen, was diese Typen da von sich geben und gucke in peinlich berührte Gesichter der Freundinnen. Mein Freund ist ebenfalls schwer beeindruckt und vollkommen überfordert von so viel toxischer Männlichkeit. Jetzt wird mir auch klar, warum die Frauen die erste Stunde des Kurses alleine erleben sollten. Damit es ein Safe Space ist, in dem offen und ehrlich über Ängste und Sorgen gesprochen werden kann. Daraus wiederum konnte die Hebamme Wünsche und Anregungen für die Paare formulieren. Ich bin mir allerdings nicht so sicher, ob das wirklich angekommen ist bei einigen der Väter. Für die meisten hier ist Elternzeit eher ein Fremdwort. Trotzdem glaube ich, dass alleine dafür so ein Geburtsvorbereitungskurs extrem wichtig ist. Nicht dafür, dass der Mann weiß, wie er bei der Geburt seine Partnerin zum richtigen Atmen animiert, sondern damit er weiß, was die Partnerin im Wochenbett alles braucht, was hormonell auf die beiden zukommen kann und wie man einfach eine richtige Unterstützung sein kann und nicht nur jemand, der bekocht werden möchte. Das war einer dieser Momente, in dem mir mal wieder bewusst wurde, wie dankbar ich für meine Beziehung bin, und dass vieles, was ich täglich für selbstverständlich nehme, doch auch schon ganz schön cool von meinem Boyfriend ist. Also, wenn ihr Bock habt auf Schwangere-Paare-Glotzen und auch ein bisschen was über euren Körper und die Geburt lernen wollt, dann gönnt euch so einen wunderbaren Kurs. Und wenn ihr Angst habt, dass euer Partner vielleicht auch gerade noch ein bisschen auf dem Schlauch steht und denkt, so ein Baby macht doch gar keine Arbeit, dann ist der Kurs absolutes Pflichtprogramm. Coole aufgeschlossene Hebammen haben das nämlich auf dem Schirm und binden den Männern diese Themen so richtig schön auf die Nase. Mindestens so lange, bis sich endlich in der kompletten Thematik was verändert und nicht mehr davon ausgegangen wird, dass die Mutter für ein Kind am allerwichtigsten ist. Stimmt nämlich nicht. Dazu gibt es richtig interessante Studien von Forscher*innen der University of Iowa (jahaaaa, hier wird mit Fakten und nicht nur mit gefährlichem Halbwissen gearbeitet). *Die Forscher betonen: »Viele Personen denken, dass der Vater nicht gut genug sei, um die primäre Bezugsperson des Kindes zu sein. Unsere Daten beweisen aber das Gegenteil.«*

Amen. (Geht zum Geburtsvorbereitungskurs!)

Chillig durch den Nestbau – Wer bist du und was hast du mit Julia gemacht?

Nestbautrieb – was für ein bescheuertes Wort. Es ist so bescheuert, dass ich mich davon absolut gar nicht angesprochen gefühlt habe, wenn ich es mal irgendwo gelesen oder aufgeschnappt habe. Was soll denn das überhaupt heißen? Dass ich mit meinem Schnabel ein kleines Babybett aus Federn und Ästen für mein ungeborenes Baby baue? Ignoriere ich also völlig, dieses bekloppte Wort, und bin mir sicher, dass das ganz klar etwas ist, was anderen Frauen und Müttern passiert, aber nicht mir. Klar. Natürlich fängt man an, sich iiiirgendwann Gedanken zu machen, welches Beistellbett man haben möchte und wo die Wickelkommode stehen soll und dass man dafür ja auch noch eine weiche, kuschelige Auflage braucht und an dem süßen Babyladen konnte ich neulich auch nicht vorbeigehen, die Spieluhr hängt schon neben dem Bett und die ersten Baby-Bodies wurden bereits gewaschen. Aber das ist ja wohl alles ganz normal, oder? Pffff ... Nestbautrieb.

So ungefähr muss es sich also anfühlen, wenn man entweder nichtsahnend einer Sekte beigetreten ist, die bereits ganz ganz tief in dein Unterbewusstsein vorgedrungen ist, oder man ein sehr starkes Alkoholproblem hat und das absolut nicht wahrhaben möchte. Die Gedanken kreisen non stop um Alkohol ... ähh ... Babyausstattung. Immer. Rund um die Uhr. Ich würde grob schätzen, dass man bis zum fünften Monat davon verschont bleiben kann, aber dann kommt langsam die Sucht – der Drang, ständig zu recherchieren, Sachen zu kaufen, Preise zu vergleichen, Meinungen einzuholen. Alles braucht seinen Platz, kleine Döschen und Körbchen müssen her. Windeln können ja schließlich nicht einfach so in die Schublade der Wickelkommode gelegt werden, die gehören in ein handgeklöppeltes Körbchen aus Bio-Bambus von Etsy.

Klar weiß ich, dass man am Anfang nicht viel braucht, sagt einem schließlich jeder, wie schnell die Kleinen wachsen. Aber sag das mal einer Mutter, die an der Flasche hängt! Wenn der Nestbautrieb reinkickt, helfen weder gute Ratschläge noch Interventionen. Hier wird gekauft, sortiert, gewaschen, gebügelt und noch mal von vorne sortiert.

Ein stinknormaler Tag im Mutterschutz sah ungefähr so aus bei mir:

5:30 Uhr aufwachen – klar, die Nacht war mal wieder kacke.

Bis 6:00 Uhr liegen bleiben und auf das Beistellbettchen starren und sich vorstellen, dass da bald ein Baby drin liegen wird. Gefühlszustand: ängstlich, verwirrt, irre glücklich, müde.

6:05 Uhr feststellen, dass das kleine Minibett (auch Nestchen genannt) unbedingt noch einen kuscheligen, weichen Rand braucht.

6:10 Uhr Laptop auf, fünf Tabs öffnen mit den schönsten Kinderläden, Designs vergleichen, in den Warenkorb uuuund kaufen. Erfolgreicher Morgen!

7:00 Uhr auf dem Weg in die Küche noch mal an der Wickelkommode vorbeischlendern und die kleinen Wickelbodies begutachten. Alle noch mal auseinandernehmen und wieder ganz ordentlich zusammenfalten, um sie dann zurück in die Schublade zu legen. Habe natürlich alles schon zweimal gewaschen. Mit normalem Waschmittel? Du fragst ernsthaft, ob ich die Babysachen, die bei meinem Säugling direkt auf die Haut kommen, mit normalem Waschpulver gewaschen habe? Für was für eine Rabenmutter hältst du mich eigentlich? Natürlich habe ich erst Stunden in den passenden Foren verbracht, um herauszufinden, welches parfümfreie, glutenfreie Bio-Hygienewaschmittel das beste ist. Normales Waschmittel!? Pfff ... kann ich mich ja gleich beim Jugendamt melden.

8:00 Uhr Ich bin die Erste in der Drogerie und arbeite meine Einkaufsliste ab: Mandelöl fürs erste Bad, Nagelset für Babynägel, Ziegenhaarbürste für die ersten Haare (nach zwei Jahren warten wir immer noch auf den richtigen Haarwuchs), Bio-Windeln in Größe 1 und für mich packe ich gleich mal noch das komplette Angebot an Nippelpflege mit ein. Wer weiß, was da auf mich zukommt (siehe: Chillig durch die Stillzeit).

Um 9:00 Uhr bin ich wieder zu Hause und ich habe irre Bock, den Kühlschrank auszuräumen und so doll auszuwischen, dass man direkt daraus essen kann. Das habe ich zwar letzte Woche schon gemacht, aber wer weiß, wie viele neue Bakterien sich in einer Woche gebildet haben.

10:00–14:00 Uhr Ich beziehe das Bett frisch (könnte schließlich jederzeit losgehen mit den Wehen und da möchte man ja schließlich vorbereitet sein). Ich beschließe spontan, die Babyklamotten noch ein drittes Mal zu waschen, gehe zur Pediküre (was sollen die Hebammen denn sonst von mir denken? Etwa, dass ich eine schlechte Mutter bin, die ihre Füße nicht pflegt und die Babysachen nur zwei Mal gewaschen hat?) und zu guter Letzt kaufe ich auf dem Weg zurück noch Backofenspray und reinige den Backofen. (Man möchte ja schließlich einen guten Eindruck bei seinem Neugeborenen machen.)

Ab 14 Uhr lege ich dann aber wirklich die Beine hoch und recherchiere nur noch zu musikalischer Frühentwicklung und ab welchem Alter ein Kind am besten eine Fremdsprache lernen kann. Ist natürlich Quatsch ... natürlich mache *ich* so was *nicht*. (Fremdsprache ab zwei Jahren!)

Ja okay, es ist also wahr. Den Nestbautrieb gibt es wirklich und er schlägt anscheinend fast immer zu. Gibt aber ja auch wirklich Schlimmeres, als sich Gedanken zu machen, wie man es für sein Baby und die Familie besonders schön machen kann und gedanklich Listen zu schreiben, was noch alles erledigt werden muss. Ganz vielleicht ist das aber nicht so selbstverständlich für den Menschen, mit dem man zusammenlebt, und ganz vielleicht geht man diesem einen Menschen damit richtig krass auf den Sack. Denn wie so oft in der Schwangerschaft gilt auch hier: Das, was die Hormone mit mir machen, machen sie nicht automatisch auch mit meinem Partner. Und klar, mein Freund hilft mir gerne, Dinge aufzuhängen, Möbel zu verschieben oder einen Kinderwagen zu kaufen, aber für tägliches Betten-frisch-Beziehen hat er anscheinend nicht ganz so viel übrig wie ich. Muss halt jeder selber wissen, wo er seine Prios setzt. Ich bin auf jeden Fall so was von vorbereitet.

Das zweite Trimester: Die große Schwangerschaftsdepression

Ich habe mich noch nie so alleine gefühlt. Man hat untenrum zwar immer jemanden bei sich, also in sich drin. Aber diese Schwangerschaft liegt auf mir wie ein sehr großer Stein.

An diesem Tag entschließe ich mich, mir einen Therapeuten zu suchen. Zuvor habe ich neben dem Bett gelegen, habe schwer geatmet und heftig weinen müssen. Ich lag laut schluchzend am Boden. Ich glaube, ich habe noch nie so laut geweint. Mein ganzer Körper hat nach Hilfe und Aufmerksamkeit geschrien. Vor ein paar Monaten hatte mich ein Bekannter auf Facebook angechattet. Er schrieb, dass er Therapeut sei und ob ich Leute kenne, die einen Therapeuten suchen. Diese Info ist noch in meinem Kopf gespeichert und blinkt heute wieder auf. Ich bin nämlich viel zu faul, mir über den offiziellen Weg eine*n Therapeut*in zu suchen. Jede*r erzählt immer, wie nervig das ist, weil man alle abtelefonieren muss. Diesen Menschen muss ich nur über Facebook anchatten. Ich tippe »Hi, na ...«.

Eine Woche später sitze ich in seiner riesigen Altbauwohnung, auf einer weißen Eckcouch aus Leder. Die Couch hat er bestimmt von seinen Eltern bekommen. So eine Couch kauft man sich doch nicht selbst. Der Blick von der Couch zeigt auf ein sehr großes Bücherregal – so breit und hoch, wie es nur Psycholog*innen haben können. Es riecht nach getrockneten Blumen. Mein Therapeut trägt einen graubraunen Anzug. So einen Anzug würde ich eigentlich Opa-Anzug nennen, bei ihm sieht er aber stylish aus. Das ist sein Style, so will er aussehen.

Mein Therapeut, nennen wir ihn Dr. Ludwig, erklärt mir, in welcher Form er mich die nächsten Monate betreuen könnte, welche Art Therapie er so anbietet und was der neue heiße Scheiß in der Therapiewelt wäre. Achtsamkeit und so. Er checkt ganz genau, wie er mich bekommt, denn ich springe auf den neuen heißen Scheiß sofort an. Außerdem erklärt er mir, wie ich eine*n Kassentherapeut*in finden kann, denn er nimmt nur Privatpatient*innen und ich müsste ihn aus eigener Tasche zahlen.

Ich schreibe mir alles, was er mir empfiehlt, in meine Notizen-App. Alle Webseiten und sonstigen Tipps. In meinem Kopf sitzt eine kleine Stimme, diese Stimme ist meine Faulheit. Meine Faulheit spricht zu mir und weiß ganz genau, dass ich mir niemals einen anderen »kostenlosen« (von der Kasse bezahlten) Therapeuten suchen werde. Meine

Faulheit spendiert mir einige Sitzungen bei Dr. Ludwig. Was Dr. Ludwig und meine Faulheit sehr erfreut. Dr. Ludwig bietet mir an, nach Bedarf vorbeizukommen, aber mindestens einmal die Woche. Er checkt seinen Kalender und rät mir, in sieben Tagen wiederzukommen.

Eine Woche später

Meine Faulheit spendiert mir heute sogar ein Taxi zu Dr. Ludwig. Das klingt, als wäre ich stinkreich. Nein, ich nehme mein erspartes Geld, um nicht mit den öffentlichen Verkehrsmitteln fahren zu müssen. Als ehemaliges Dorfkind hasse ich öffentliche Verkehrsmittel. Damit zu fahren, bedeutet für mich puren Stress. Mit dem Baby in mir und dem großen Weltschmerz (der Veränderung) steige ich also ins Taxi und lasse mich bis vor die Haustür von Dr. Ludwig fahren. Ich laufe in den vierten Stock hoch, was sich von Woche zu Woche mehr als Grenzerfahrung meiner kurzatmigen Schwangerschaftslunge erweist.

Vor der Schwangerschaft habe ich immer Alkohol getrunken, um mich abzulenken, wenn es mir schlecht ging. Ja, ich hatte ein Alkoholproblem. Habe ich das schon mal erwähnt? Jetzt muss ich anders mit meinen scheiß Stimmungstiefs klarkommen. Ist das eine Schwangerschaftsdepression oder eine richtige Depression? Ich kann es gar nicht einschätzen und habe auch nie eine Diagnose bekommen. Auf keinem Blatt Papier steht, dass ich depressiv bin. Dr. Ludwig sagt, ich hätte eine Tendenz dazu.

Das letzte Trimester der Schwangerschaft oder die Angst vor der Geburt

Was für eine Mama will ich eigentlich sein? Das ist eine Frage, die mir die ganze Schwangerschaft schon durch den Kopf geht. Unsere Mütter waren ja gefühlt alle Hausfrauen und haben sich um uns Kinder gekümmert. Der Vater verdiente genug und die Mutter hat auf eine rosige Zukunft verzichtet. So erging es ja der ganzen Boomer-Generation. Das kann ich überhaupt nicht nachempfinden. Dafür kämpfe ich zu gerne. Gegen diese alten Strukturen kämpfe ich, indem ich selbst als Vorbild für andere Mütter arbeiten möchte. Ich kann mich gar nicht in die Gedanken der Generation unserer Eltern reinversetzen. Nur eins weiß ich sicher: Ich möchte auf jeden Fall arbeiten und nicht zu Hause bleiben. Deshalb suche ich mir Mamavorbilder auf Instagram. Ich folge sämtlichen Mamabloggerinnen und anderen Influencerinnen, die schon Kinder bekommen haben. Ich suche nach einer Frau, die mir ähnlich ist, und finde kaum eine Rolle, die zu mir passt. Alle leben ein Leben, was ich nicht leben möchte. Auf Instagram schaue ich mir an, wie Mütter sich eine neue Marmorküche in ihr Eigenheim bauen lassen und dabei im schönsten Kinderwagen der Welt ihre Kinder umherfahren. Irgendwie stelle ich mir vor, dass mein Leben dann aber so aussehen muss. Also brauche ich dringend einen schönen und sehr teuren Kinderwagen mit Cappuccino-Halterung. Denn diesen Kinderwagen haben alle Influencer-Moms.

Chillig durch die Geburt

Meine Geburt in vier Akten

Es ist Freitag und ich bin in Schwangerschaftswoche 36. Mir wurde die gesamte Schwangerschaft immer wieder gesagt, dass die ersten Babys immer eher nach dem errechneten Termin kommen. Einen Scheißdreck tun sie. Sie kommen in meinem Fall vier Wochen früher.

An einem Freitagabend gehe ich normalerweise mit Freunden essen oder in eine Bar oder zu irgendjemandem nach Hause auf ein paar Gläser Wein. Das hat sich seit meiner Schwangerschaft komplett geändert. Seit ich schwanger bin, schlafe ich einfach überall ein, wie schon erwähnt.

Mein Freund zockt FiFa und ich lege mich ins Bett und höre mir wieder den Podcast von Charlotte Roche und ihrem Mann an. Dieser Podcast hat mich die ganze Schwangerschaft über begleitet. Ich wollte mich einfach viel mit der Paarbeziehung an sich auseinandersetzen. Ich bin ja selbst

Trennungskind und sehe, wie alle sich trennen und scheiden lassen, sobald sie Kinder bekommen. Liegt es am Kinderkriegen oder liegt es daran, dass sie der Aufgabe als Liebespaar nicht gewachsen sind oder liegt es daran, dass nur eine Person das Kind will, oder liegt es sogar daran, dass sich nur eine Person (meistens die Frau) um das Kind kümmert? Die Frage lass ich mal unbeantwortet. Die Antwort liegt auf meiner Hand.

Ich schlummere beim Podcasthören ein und freue mich über eine lange, ruhige und chillige Nacht. Doch plötzlich werde ich wach, als wäre im Traum eine Bombe losgegangen. Mit dem Knall wache ich auf. Ich glaube bis heute, dass ich es wirklich habe knallen hören. Als ich aufwache, merke ich, dass ich komplett eingenässt bin. An meinen Beinen läuft Wasser runter. Es läuft und läuft und hört nicht auf. Zwischen meinen Beinen klemmt das Stillkissen, das ich jede Nacht mit meinen Beinen umklammere, damit ich mit meinem hochschwangeren Riesenbauch besser schlafen kann. Die Stillwurst gibt mir Halt.

Weil ich sehr oft Vorwehen hatte und diesen kleinen Vorfall mit dem Fahrradsattel, wo mir das Wasser genauso runtergelaufen ist, bin ich mir sicher, dass es keine Wehen und auf gar keinen Fall die Fruchtblase sein können. Das muss ein Fehlalarm sein, aber ich sollte mal checken, was da los ist.

Also gehe ich komplett nass zu meinem FiFa-zockenden Freund und wimmere rum wie ein Baby, dass ich pinkle und es einfach nicht aufhört. »Der Kopf vom Baby liegt bestimmt doof auf der Blase«, sage ich zu ihm. Um mich noch mal zu versichern, gehe ich erneut auf die

Toilette. Das Wasser läuft weiter, es hört einfach nicht auf. Ich habe mir immer vorgestellt, dass wenn eine Fruchtblase platzt, das Wasser in einem Schwall kommt und die Fruchtblase dann leer ist. Das Fruchtwasser wird aber die ganze Zeit weiter produziert. Langsam kommen Schmerzen dazu, die mir sehr bekannt vorkommen. Sie fühlen sich an wie starke Menstruationsschmerzen. Aber auch hier bin ich mir sicher: ES GEHT NICHT LOS. Das kann ja gar nicht sein.

Im Geburtsvorbereitungskurs habe ich gelernt, dass in der Badewanne entschieden wird, ob die Wehen losgehen oder nicht. Heißt: Wenn man in die warme Badewanne oder Dusche geht und die Wehen danach weg sind, geht es nicht los. Wenn man aber warm badet oder duscht und die Wehen stärker werden, dann geht's los.

Als ich mit meinem riesigen Bauch und den Schmerzen in der Badewanne liege, sagt mein Freund ziemlich chillig: »Ist jetzt aber besser geworden, oder?« Ich so: »Na klar.« Selbst in diesem Zustand denke ich, ich bin eine starke Frau, die niemals zugibt, wenn ihr etwas wehtut. JULIA. DAS IST DER FALSCHE MOMENT!

Denn es ist viel schlimmer geworden. Die Schmerzen schieben sich wie Wellen und Fieberkrämpfe durch meinen gesamten Körper. Ich bin kaum noch ansprechbar. Im Blickwinkel und zwischen den wellenartigen Schmerzen sehe ich noch, wie mein Freund heimlich am Handy ist. Ich glaube, er wollte mich nicht verunsichern damit, dass er die Wehen stoppt. Das hatte er im Geburtsvorbereitungskurs gelernt.

Unterbewusst merke ich aber, dass die Geburt losgeht und fummel mir schnell meine Kontaktlinsen in die Augen, damit ich nicht mit meiner kaputten Brille die Geburt durchmachen muss. Ich habe keinen Bock, am Ende den Brillenbügel immer im Gesicht zu haben. Außerdem schminke ich meine Augenbrauen extra stark. Ich bemale sie so stark, damit sie nach einer durchgeschwitzten Geburt hoffentlich immer noch zu sehen sind.

Die Wehen werden heftiger und heftiger und ab hier übernimmt mein Freund das Kommando. Ich bin plötzlich komplett im Rausch. Ich bin so in mich gekehrt, wie es im Buche steht. Ich antworte einsilbig bis gar nicht mehr, wenn mein Freund mich was fragt. In meinem Rausch durchwühle ich die Küchenschränke, um etwas zum Fächern zu finden. Mir ist so unglaublich heiß. Die Bio-Müll-Papiertüte rettet mich, sie ist mein bester Freund, mein Fächer.

Mein Freund hat derweil ein Car-Sharing-Auto in der Nähe gefunden und das Auto vor der Tür geparkt. Damit rasen wir mitten in der Nacht durch eine sehr leere Stadt.

Am Krankenhaus angekommen, veratme ich erst mal ein paar Wehen. Ich stütze mich vor dem Krankenhaus oft auf meinen Freund und hoffe, dass mich keiner sieht. So schwach soll mich keiner sehen, denke ich immer wieder. Mit dem Aufzug im Kreißsaal angekommen, stehen wir vor einer großen Tür mit einer Klingel, die ich betätigen soll, um in den Kreißsaal zu gelangen. Ich halte mich an Wand, Tür und Stühlen fest, um die Wehen auszuhalten. Ein paar starke Wehen später kommt eine Hebamme und hängt mich erst mal in einem Raum ans CTG. Ich rufe, dass ich eine PDA will! SOFORT! Die Hebammen vor Ort denken aber noch, dass es bei mir ein Fehlalarm sei und ich eh zu früh da sei.

Dann kommt eine Hebamme in den Raum, die meinen Muttermund checken möchte. Die Geburt ist in zwei Teile aufgeteilt: die Phase, in der sich der Muttermund öffnet, und die Austreibungsphase. Der Muttermund soll zehn Zentimeter weit geöffnet sein, damit das Baby in der Austreibungsphase durch das Becken rauskommen kann. Die Öffnung des Muttermundes dauert laut Geburtsvorbereitungskurs bei den meisten Frauen etwa eine Stunde pro Zentimeter. Sie checkt meinen Muttermund und merkt dabei, dass dieser schon komplett geöffnet ist. Bereit fürs Baby! Ich werde also ziemlich schnell in den Kreißsaal geschoben.

Ich wollte unbedingt eine PDA, aber es geht alles zu schnell. Die Hebamme sagt, dass eine PDA bei mir nicht mehr möglich ist. Ob das stimmt, kann ich nicht mehr infrage stellen. Mein Muttermund ist offen und die Presswehen haben begonnen. Ich mache einen Deal mit den Hebammen und bekomme Lachgas. Das tut mir gut und ich kann mich endlich an die richtige Atmung erinnern. Die Bio-Mülltüte ist auch noch am Start, damit fächert mir mein Freund bis zum Ende Luft zu. Die Geburt erinnert mich an Fieber, Gliederschmerzen und sehr starke Menstruationsschmerzen. Nur gewaltiger, wie ein Erdbeben. Als hätte die Erde Menstruationsschmerzen.

Da ich nachts von der Fruchtblase und den Wehen geweckt wurde, habe ich nicht geschlafen, und das merke ich während der Geburt, ich bin unglaublich müde. Meine Augen fallen in den Wehenpausen zu, ich will einfach nur schlafen. Aber die wellenartigen Wehen halten mich ganz gut davon ab. Ich denke über random Sachen nach. Mir geht im

Kopf rum, welche Termine ich absagen muss, weil ja jetzt das Baby kommt und wem ich noch Geld schulde. Ich kann mich nicht 100%ig auf die Geburt einlassen, ich will aus dem Moment einfach nur raus.

In dieser Nacht findet das Kosmonautfestival in Chemnitz statt, auf dem viele Freundinnen und Freunde von mir sind. Ein Festival, bei dem ich eigentlich immer bin. Dort spielt jedes Jahr ein geheimer Headliner. Eine bekannte Band, von der keiner weiß, welche es ist. Mein Freund fragt mich während der Austreibungsphase flüsternd: »Willst du wissen, wer der geheime Headliner war?« Ich schreie nur: »NEIN!«

Eine Minute später: »Okay, doch!«

Er flüstert: »Scooter.«

Ich fange wieder an nachzudenken, welchen Kund*innen ich noch schreiben muss.

Plötzlich: Geburtsstillstand. Meine Wehen kommen nicht mehr in regelmäßigen Abständen und sind auch zu kurz und deshalb muss ich an den Wehentropf, der die Wehen verstärkt. Es folgt ein richtiger Wehensturm. Meine Hebamme bittet mich, verschiedene Geburtsstellungen auszuprobieren, damit das Baby besser durchs Becken rutscht. Ich stehe auf allen vieren und liege mal auf der rechten und mal auf der linken Seite, aber das Baby hängt da unten irgendwie fest. Es ist so unangenehm, mich zu bewegen, weil der Körper so schwach ist. Ich habe keine Kraft mehr und bin so unglaublich müde und will doch einfach nur schlafen. Die Gedanken in meinem Kopf werden furchtbar, ich denke darüber nach, dass das Baby oder ich das Leben lassen müssen, und entscheide mich gedanklich für mein Leben. Diese Gedanken sind für mich traumatisch.

Weil das Baby nicht rauskommt, muss eine Kinderärztin gerufen werden, die aber auf sich warten lässt. In der Zwischenzeit wenden die beiden Hebammen und die Gynäkologin ein Manöver an, sie haben meine Beine auf meinen Brustkorb geschlagen. Mein Körper sieht aus wie eine Schere. Das geht alles ziemlich schnell und wirkt auch sehr panisch. Aber: So kommt das Baby dann raus. Blubbbblubbbblubbb.

Und da ist es, das Baby. Ein kleines, lilanes, minikleines Baby. Es atmet und lebt und es liegt auf mir drauf. Es ist ein fremder Mensch, der auf mir draufliegt, aber gleichzeitig ist es mein Baby. Das war gerade noch in mir drin. Dafür ist es aber ganz schön groß. Es ist verrückt, was das für ein Gefühlschaos ist, wenn dieses kleine Baby auf einem draufliegt. Ich bin vollgepumpt mit Adrenalin. Ich habe beste Laune und unterhalte den ganzen Raum. Ich fühle mich, als wäre ich wieder zurück. Es ist so schön. In meinem Kopf sage ich die ganze Zeit nur: »Es ist endlich vorbei, es ist endlich vorbei!« Das ist das schönste Gefühl auf der Erde, plötzlich ein Baby im Arm zu halten. Es dauert noch mal 30 Minuten, bis meine Plazenta kommt. Da habe ich noch mal kurz Wehen, damit das Teil aus mir rauskommt. Die Plazenta ist wunderschön. Ich empfehle euch, sie auf jeden Fall anzusehen! Wirklich crazy, was da alles aus einem rauskommt.

Das ist der schönste Geburtstag meines Lebens und es ist nicht mal mein eigener Geburtstag – und Leute: Ich liebe meinen Geburtstag.

Die etwas andere Geburt – der Kaiserschnitt

Irgendwie geht man ja immer davon aus, dass man sein Kind »normal« auf die Welt bringt. Aber was ist schon normal? Mit normal meine ich vaginal. Im besten Fall also ohne Komplikationen und ohne Bauchschnitt. Mittlerweile weiß ich, dass es aber gar nicht so blöd ist, sich vorher mit beiden Möglichkeiten auseinanderzusetzen, denn dann ist die Überraschung nicht so groß, falls es am Ende doch anders läuft als geplant. Menschen neigen ja gerne mal dazu, sich bis ins Detail Szenarien auszumalen und sind dann bitter enttäuscht, wenn es anders kommt als ausgemalt. In meiner Jugend war das bei mir ständig so. Das hat mein*e Freund*innen damals fast in den Wahnsinn getrieben. Ich hatte eine genaue Vorstellung, wie das gemeinsame Wochenende auszusehen hatte, auf welche Party wir gehen sollten, dass ich bei ihm schlafe und er am Morgen Frühstück für mich machen würde. Blöd ist nur, wenn der Freund von dem Plan gar nichts weiß und auch irgendwie existieren möchte und vielleicht auch Bedürfnisse hat und das Wochenende zwar gerne mit dir, aber auch mit seinen Freunden verbringen möchte. Na, da war aber der Teufel los, sag ich euch! Es hat mich viele viele Jahre gekostet zu lernen, dass Luftschlösschenbauen selten glücklich macht, sondern ziemlich sicher immer nach hinten losgeht. Deshalb kann ich eigentlich ziemlich sicher sagen, dass ich das Bauen von Schlössern mittlerweile anderen überlasse und mich, auch wenn ich ein Kontrollfreak bin, auf neue Gegebenheiten gut einlassen kann. Von meiner Geburt hatte ich aber trotzdem eine klare Vorstellung. Natürlich war es dann ganz anders als gedacht. Wie aber fühlt man sich eigentlich, wenn man von einer auf die andere Minute erfährt, dass man nun doch das Kind per Kaiserschnitt auf die Welt bringen muss? In den meisten Fällen ja aus einer Not heraus. Eine Freundin erzählt:

»Auch ich hatte - genau wie Julia - eine ziemlich klare Vorstellung von einer natürlichen Geburt. Ich wusste, das wird schmerzhaft und kein Spaziergang, aber irgendwie wird das Baby schon da unten rauskommen. Kam es aber leider nicht. Nachdem ich schon viele Stunden im Kreißsaal lag und der Muttermund sich partout nicht öffnen wollte, wurde allen Beteiligten klar, dass es nicht so easy laufen würde wie gehofft. Ich selber habe von dem ganzen Stress nichts mitbekommen - nach zwölf Stunden Wehen war ich unter der PDA so happy, dass ich immer wieder wegschlummerte und einfach froh war, ein bisschen Kraft zu tanken und mich auszuruhen. Auch als die Herztöne des Kindes immer auffälliger wurden, habe ich noch nicht gecheckt, was los war. Ich war die Ruhe selbst. Und der Muttermund immer noch bei null Zentimetern. Also hieß es ganz plötzlich: »Wir müssen Ihr Baby jetzt sofort holen!« In dem Moment wurde ich richtig wach und bekam Panik. »Aber ich will keinen Kaiserschnitt, ich habe total Angst davor«, sagte ich. Die Vorstellung, dass mir jemand den Bauch aufreißt, fand ich so schlimm, dass mir direkt kotzübel wurde und mein Puls in die Höhe schoss. Ich wurde immer wieder damit beruhigt und gelockt, dass ich dafür in zehn Minuten mein Kind in den Armen halten würde. Ein Gedanke, den ich komischerweise überhaupt nicht beruhigend fand. Ich war einfach noch nicht so weit. Natürlich bin ich im Nachhinein total froh, dass so schnell gehandelt wurde und dass es so etwas Großartiges wie einen Kaiserschnitt überhaupt gibt. Noch völlig überrumpelt wurde ich also direkt in den OP geschoben und auf einen Tisch gehoben. Ich glaub, ich hatte selten so viel Angst in meinem Leben. Die untere Hälfte meines Körpers spürte ich, dank der PDA, ja eh schon nicht mehr. Konnte also sofort losgehen. Es wurde noch ein Vorhang gespannt, damit ich das Massaker nicht mit ansehen musste, und ich fühlte mich wie der Ehrengast in einer mittelmäßigen Zaubershow. Es wurde gezogen, gerissen und gewühlt und tadaaaa ... hier bitte, Ihr Baby. Wie ein Hase, der aus einem Zylinder gezogen wurde. Mein Baby wurde mir kurz über das Tuch hinweg gezeigt, bevor es dann untersucht wurde, um danach auf meine Brust gelegt zu werden. Völlige Überforderung meinerseits! Das sollte jetzt also mein Baby sein? Einfach so ist es jetzt da? Na klar war ich irgendwie happy, aber für den Moment hätte es halt auch irgendein Baby sein können. Schließlich habe ich es ja nicht aus mir herausgepresst. Noch nicht mal gesehen hatte ich, wie es rausgeholt wurde, wie zum Beispiel bei einer Kaisergeburt, bei der man ein bisschen was sehen kann, wenn das Baby aus dem Bauch gehoben wird. Bei einem Notkaiserschnitt bleibt dafür aber natürlich keine Zeit. Es stellt sich heraus, dass mein Sohn die Nabelschnur um den Fuß gehabt hatte und sich deshalb immer wieder selber die Versorgung abgeklemmt hat. Es war also alles richtig so, wie es gekommen ist. Jetzt, drei Jahre später, weiß ich das und es fühlt sich total richtig an. Die ersten Wochen konnte ich aber nur schwer verarbeiten, was da passiert ist. Es ging alles so schnell. Und dann muss man sich ja auch direkt um den Säugling kümmern, hat die schlimmsten Schmerzen und überhaupt keine Zeit, um mal kurz innezuhalten und über das Erlebte zu reden. Ich weiß nicht, ob es daran lag, aber ich habe einige Wochen gebraucht, um mich in die Rolle der Mutter einzufinden. Ich war nicht direkt voller Glück, sondern hatte hauptsächlich einfach nur Schmerzen an der Narbe. Ich konnte sie mir auch erst nach etwa drei Wochen das erste Mal richtig angucken und auch danach war sie lange noch wie ein Fremdkörper für mich. Nach ziemlich genau einem Jahr, nämlich ein paar Tage vor dem ersten Geburtstag meines Sohnes, kam dann der große Flashback. Bäm, plötzlich war alles wieder da, was ich vorher so erfolgreich verdrängt hatte. Die Ängste, die Sorgen, ja auch der Ekel vor der Narbe und dem Eingriff. Ich musste Schritt für Schritt noch mal alles durchleben und darüber sprechen, um mit der Geburt endlich Frieden zu schließen. Im Nachhinein würde ich mir einfach wünschen, dass ich mich besser mit Kaiserschnittgeburten auseinandergesetzt hätte. Wenn ich genau gewusst hätte, wie der Eingriff aussieht und vonstattengeht, dann hätte ich mich viel sicherer und nicht so überrumpelt gefühlt. Deshalb mein Appell an alle werdenden Mütter: Informiert euch! Redet mit euren Hebammen, guckt euch Bilder an, hört euch Erfahrungsberichte an. Denn dann kann auch ein Kaiserschnitt eine wunderschöne Geburt sein.«

Chillig durchs Wochenbett

Ganz vielleicht habe ich bei dem Wort Wochenbett an ein spezielles Bett gedacht, als ich es zum ersten Mal gehört habe. Eins, was man bei IKEA kaufen kann und das eigentlich »Hkeroms« oder ähnlich sperrig heißt. Ich habe es mir extrem groß und gemütlich vorgestellt, mit kleinen Goodies dran. Wie zum Beispiel eine Minibar im Fußteil oder massierende Roboterhände im Kopfbereich, die einem nach Bedarf 'ne kleine Massage verpassen. Klassisches Wochenbett eben, klar.

Achtung, spoiler alert: Das Wochenbett ist kein Bettgestell!

Es beschreibt nämlich eigentlich den achtwöchigen Zustand nach der Geburt. Also eben die Zeit, in der der Körper sich erholen soll, in der sich untenrum alles zurückbildet und verheilt, das Neugeborene euch kennenlernt und das Stillen geübt und perfektioniert wird. Oder wie ich eben auch dachte: Acht Wochen richtig krass abchillen! Nur im

Bett rumhängen, geiles Essen in sich reinstopfen und das Baby liegt daneben und pennt. So ’ne süße kleine Flodder-Familie eben, mit richtig viel Krümeln im Bett. Was soll man schließlich sonst den ganzen Tag machen? Das Baby schläft am Anfang doch eh die ganze Zeit, oder?

Hahaha ... hört ihr, wie laut ich lache? HAHAHA-HAHA ... ich hatte die Rechnung mal wieder ohne meine Hormone gemacht. Wochenbett ist ’ne krasse Challenge. Sicher nicht für jede Frau, aber da kann man echt ganz schön an seine Grenzen kommen. Emotional eh, aber auch körperlich, falls zum Beispiel das Stillen nicht auf Anhieb klappt. Oder man vor Schmerzen gar nicht erst aufstehen kann und sich komplett abhängig fühlt von seinem/seiner Partner*in, weil er*sie wie ein Altenpfleger wirklich jeden einzelnen Handgriff für dich machen muss. Aber ich möchte hier keine Horrorszenarien mit fetten Buchstaben an die Wand malen, vielmehr ist die message: Das Wochenbett sollte nicht unterschätzt werden! Nehmt euch die Zeit, plant sie ein und sorgt gemeinsam dafür, dass ihr beide zu Hause seid und im besten Fall Hilfe habt. Und wenn dann doch alles easypeasy läuft, umso besser ...

Das Wochenbett beginnt, sobald die Geburt vollbracht ist. Heißt: Kind raus, Plazenta tschüss, Baby auf die Brust und los. Nach der Geburt bin ich voller Adrenalin. So viele Glückshormone und der ständige Gedanke »Es ist endlich vorbei! Es ist endlich vorbei!« haben mich so glücklich gestimmt, dass alles um mich herum wurscht ist. Der erste Blick zum Baby ist so: »Hä, ist das wirklich meins? Dieser babykleine Mensch gehört jetzt zu mir? Für immer? Verrückt! Ich versuche mir in Gedanken vorzustellen, wie er mal aussehen wird, was für ein Mensch er mal wird oder welchen Abschluss er machen wird. Ob es noch en vogue ist zu heiraten, wenn er erwachsen ist? Wann ist man erwachsen? Wer bin ich? Was mache ich hier?« Und zack, schlägt es mich zurück aufs Kreißsaalbett, auf dem ich gerade liege. Während das Baby auf mir drauﬂiegt, näht die Frauenärztin meine gerissene Scheide. Es fühlt sich an, als würde sie sie mit einem Angelfaden nähen.

Die Hebammenschülerin Mara kommt in den Kreißsaal und gibt meinem Freund das Baby in den Arm, damit ich das erste Mal nach der Geburt aufstehe. Sie sagt noch: »Bitte nicht wundern, das drückt vielleicht etwas nach unten.« Und wumms, stehe ich neben dem Bett und spüre meinen Unterleib, der mich nach unten zieht wie ein Song von Damien Rice.

Mara muss mich an der Hand zur Toilette begleiten. Ich setze mich auf die Toilette bei offener Tür. Mein Freund, die Gynäkologin, eine Hebamme und die Hebammenschülerin sehen mich an. Mein Darm kitzelt und schreit nach Durchfall. Ich wiederhole: Alle gucken mich an. Okay, ich muss mein Hinterteil jetzt fest zusammendrücken, das Kitzeln am Enddarm unterdrücken und abwarten, bis wir ein Zimmer in der Wochenbettstation bekommen. Ich pinkle und spanne meinen Allerwertesten fest an. Der Urin brennt wie Feuer zwischen meinen Beinen. Auf der Toilette sitzend stelle ich mir vor, wie meine Vagina wohl aussieht. Die Hebamme reicht mir ihre Hand und führt mich zurück ins Bett, wo mein Baby auf mich wartet. »So, und jetzt bitte anlegen.« Sie meint: stillen.

Ich habe mich für das Stillen entschieden, ohne zu wissen, was da auf mich zukommt. Mein Frühchen ist müde und will nicht trinken. Laut meiner Hebamme ist das

Kolostrum aber ein Wundermittel für Babys. Kolostrum nennt man übrigens die erste etwas dickere Milch, die der Busen produziert, bevor nach ein paar Tagen der Milcheinschuss mit der flüssigen Milch kommt. Diese dicke Flüssigkeit hat eine andere Zusammensetzung und wird als flüssiges Gold bezeichnet. Deshalb mache ich mir selbst so einen krassen Druck und will unbedingt, dass er davon etwas zu sich nimmt. Durch meinen Schwangerschaftsdiabetes könnte es nämlich sein, dass der Blutzuckerspiegel vom Baby nach der Geburt stark absinkt. Wenn dem so ist und er nicht sofort das Kolostrum trinkt, muss er Glukosesirup in den Mund geschmiert bekommen. Ich habe irgendwo gelesen, dass Babys nach der Verabreichung dann manchmal die Brust nicht so gut annehmen. Ob das am Ende stimmt oder nicht, weiß ich nicht. Denn als Schwangere glaubt man jeden Quatsch und ich mache mir immer Druck, wenn nicht alles nach meiner Vorstellung verläuft. Ich will also unbedingt, dass er trinkt. Das scheint nur leider unmöglich. Er schnarcht und genießt den Schlaf wie ein Faultier.

Also nimmt die Hebammenschülerin Mara das Faultier und führt die erste Untersuchung durch. Weil der Blutzuckerwert des Kleinen gesunken ist, verabreicht sie ihm zu meiner Enttäuschung diesen Glukosesirup. Dann greift sie in eine Schublade und holt eine Digitalkamera raus. Als würde sie in einen Schrank aus den Zweitausendern greifen. Vielleicht sind ja noch ein paar alte No-Angels-Konzertfotos auf der Kamera gespeichert. Mit der Digi-Cam machte sie das allererste Foto von meinem Erstgeborenen. Die Perspektive könnte nicht schlimmer gewählt sein. Das kleine Monster auf dem Foto hat nichts mit meinem Kind zu tun.

Wir lachen alle herzhaft. Nach der Untersuchung setzt sie das Baby auf meine Brust und ich versuche wieder zu stillen. Ohne Erfolg. Das Faultier schläft.

Wir beschließen, ein Familienzimmer auf der Wochenbettstation zu buchen. Das Familienzimmer ist ein Raum, wie der Name schon verrät, für die ganze Familie. Oder eben für Mama und ihre Begleitperson. Es ist ein Privileg, so ein Zimmer buchen zu können, denn es kostet viel Geld, welches wir aus eigener Tasche zahlen müssen. Wenn man sich dafür entscheidet, im Krankenhaus zu bleiben, muss man mindestens drei Tage verweilen, weil am dritten Tag die zweite U-Untersuchung für das Baby stattfindet. Es wird also ein teurer Spaß. Teurer als die schönen Hotelzimmer, die wir sonst im Urlaub buchen. Ich liege also mit Kind auf der Brust und meinem Anhang neben mir im Kreißsaal und warte darauf, dass uns endlich jemand in die Wochenbettstation schiebt. Ich werde ab jetzt nur noch geschoben, denn meine Hebamme sagt, ich darf nicht viel stehen und laufen. Die Gebärmutter muss sich zurückziehen, der Beckenboden muss chillen. Der Körper muss sich regenerieren. Mir soll es recht sein, meine Mumu brennt nämlich wie Feuer und mein Beckenboden hätte auch gerne seine Ruhe. Er fühlt sich nämlich wie ein alter Mann mit Gehwagen. Nur ohne Gehwagen.

In der Wartezeit lege ich das Baby immer wieder an meine Brust und hoffe, dass er endlich etwas trinkt. Und dann endlich: Er trinkt. Er nuckelt und schläft dabei schnell wieder ein. Aber er trinkt. Ein kleiner Schritt für mich, ein großer Schritt für das Faultier.

Ein Gynäkologe betritt den Kreißsaal und sagt uns, dass ein Familienzimmer frei ist. Er schiebt uns durch die

Wochenbettstation in unser gebuchtes Luxuszimmer. Nur ohne Luxus. Die Wände sind gelb und orange. An der Wand hängen Gemüsebilder in Glasbilderrahmen. Auf dem einen Bild ist ausschließlich rotes und auf dem anderen Bild grünes Gemüse abgebildet. Die Bilder sind so geschmacklos wie die Mundhöhle eines Coronapatienten. Wir machen es uns trotzdem gemütlich auf den Krankenbetten.

Eine Krankenschwester kommt mit einem Beistellbett für Babys in unser Zimmer gefahren und legt das Faultier mit einem kleinen Schlafsack ins Bett. Auf dem Schlafsack ist das Logo vom Krankenhaus gestickt. Echt schön. Nicht.

Die Krankenschwester verlässt den Raum, damit wir endlich mit dem Baby alleine sein können. Endlich kann ich heulen. Vor Freude. Vor Überforderung. Vor Überwältigung. Was war das? In meinem Kopf wieder der Gedanke: »Es ist endlich vorbei! Es ist endlich vorbei!« Das ist wohl das schönste Gefühl, was ich jemals in meinem ganzen Leben hatte. Ich bin stolz und froh und überwältigt und gleichzeitig komplett unsicher und überfordert mit der Situation. Nach einigen Stunden rufe ich eine Krankenschwester. Ich frage sie, wie oft ich stillen soll und wie das überhaupt funktioniert. Sie kitzelt das Baby immer und immer wieder wach, damit es von meiner Brust trinkt. Das Faultier will schlafen, nicht trinken. Ich soll versuchen, dass das Baby alle zwei Stunden trinkt.

Sie geht raus und holt einen Plastikbeutel voller Hilfsutensilien. Darin sind kleine Spritzen mit Schläuchen und Babyfläschchen. Ich will es aber unbedingt aus eigener Kraft schaffen. Irgendwas in mir sagt mir, dass ich es schaffen muss. Dieser Druck verunsichert mich. Dadurch komme ich nicht zum Chillen. Aber wenn ich eins gelernt habe, dann, dass ich chillen muss, damit das Kind auch gechillt ist. Das Faultier liegt ja da und chillt, nur ich nicht!

Immer, wenn ich ihn anlege und er es schafft, etwas zu trinken, drückt mein Unterleib stark und löst einen sehr dumpfen Schmerz im Dammbereich aus. Ich frage eine Krankenschwester und einen Assistenzarzt, was das sein kann, aber keiner kann mir wirklich sagen, was es ist. Der Schmerz erinnert mich an Hämorrhoiden oder eine starke Darmfissur. Ja, diese Art Schmerzen ist mir durchaus bekannt.

Ich versuche also drei ganze Tage und zwei Nächte alle zwei Stunden unter Schmerzen im Unterleib und am Hinterteil zu stillen. Neben mir liegt eine Handpumpe, mit der ich etwas Kolostrum gewinnen kann und mit einer Spritze in den Mund vom Faultier spritzen kann. Das klingt nicht nur nach einer Tierfütterung im Zoo, es fühlt sich auch genauso an. Ich liege meistens oben ohne und mit offener Wunde untenrum im Krankenbett und versuche ein Lebewesen zu ernähren. Mal mit Hilfe und mal ohne.

Am dritten Tag werden wir entlassen. Mein Freund verlässt mich zum ersten Mal, seit er mich unter Wehen und mit Vollgas ins Krankenhaus gefahren hat. Das fühlt sich komisch an. Kann ich überhaupt mit einem Baby alleine sein? Traue ich mir das zu? Bin ich nicht noch zu unsicher? Er muss aber los, denn wir brauchen den Kindersitz und das Auto, damit wir endlich nach Hause können. Auf diesen Moment habe ich die ganze Zeit gewartet. Sobald wir zu Hause sind, kommt endlich unsere eigene Hebamme Clara jeden Tag. Dann weiß ich mich gut betreut.

Als mein Freund das Krankenhaus verlässt, stehe ich sofort auf und wühle in meiner Krankenhaustasche herum.

Ich habe drei perfekte Outfits fürs Baby dabei, damit der Nach-Hause-gehen-Moment perfekt wird. Weg mit dem Krankenhausschlafsack, dem Krankenhausstrampler und dem Krankenhausbody und rein in den gestreiften Einteiler mit passender Mütze. Plötzlich klopft es an der Tür: »Hi, ich bin die Krankenhausfotografin.« Ich bin höflich, überdreht und sehr stolz. Ich erzähle der Fotografin von meiner kurzen Geburt, wie cool ich während der Wehenpausen war und wie stolz ich bin. In der Zeit drapiert sie mein Kind in ein kleines Körbchen wie in einem Anne-Geddes-Fotoalbum. Natürlich legt sie noch einen Teddy dazu. Die Fotos sind alle so random. Sie klärt mich auf, dass sie mir die Fotos als Poster, Plakate, Dankeskarten, Fotoalbum, Kugelschreiber und anderem Quatsch (an den ich mich nicht erinnern kann) nach Hause schicken kann. In meiner Vorstellung fehlen nur noch eine Schneekugel, ein Stück Berliner Mauer und ein Autoaufkleber mit seinem Babyface drauf. Pünktlich zum Ende des ersten großen Foto-Shoots klopft es an der Tür: Mein Freund ist da. Wir können nach Hause. Also frage ich noch schnell die Krankenhausfotografin, ob sie mit meinem Handy ein Familienfoto machen kann. Das Bild geht durch alle WhatsApp-Familien-Gruppen und wir ziehen los. Das Auto steht direkt vor der Tür.

Plötzlich sind wir also mit diesem minikleinen Wesen nicht mehr im Krankenhaus, sondern zu Hause. Unsere Wohnung ist jetzt keine Pärchenwohnung mehr, sondern eine Familienwohnung. Alles, was ich im Nestbautrieb penibel vorbereitet habe, wird jetzt also wirklich benutzt. In dem Beistellbett liegt ein Baby! Ein echtes Baby! Ein bisschen fühlt es sich so an, als würden wir Vater-Mutter-

Kind spielen. Gleichzeitig muss man sich aber auch um so unnötige Dinge kümmern, wie eine Geburtsurkunde beantragen (denn ohne Geburtsurkunde auch kein Elterngeld!), einkaufen gehen oder Babyfotos in den Familienchat schicken. Kleiner Profitipp an dieser Stelle: Richtet WhatsApp-Gruppen ein! Für die Family und für Freunde, eben für all die, die scharf auf Babyfotos sind. Denn du wirst keine Zeit haben, allen einzeln Bilder zu schicken. Einfach unkommentiert rein damit in die Gruppe und ab die Post. Denn sich unnötigen Stress machen, das hilft niemandem. Vor allem dir und deinen Brüsten nicht. Hallo, Milchstau! Oder ihr scheißt ganz drauf und blendet die Realität und die echte Welt da draußen einfach so lange aus, bis die Family so sauer ist, dass sie euch enterben will, weil sie immer noch kein Foto vom neuen Baby gesehen hat. Spätestens dann sollte man vielleicht mal ein Foto schicken ...

Nach genau drei Tagen kommt er: der Milcheinschuss. Er fühlt sich furchtbar an. In meinen Brüsten hat sich so viel Milch angestaut, dass sie sich anfühlen wie zwei sehr große, harte Steine, die jeden Moment platzen können. Meine Hebamme kommt schnell vorbei und zeigt mir, wie man das Baby aufweckt, mit welchen Apps ich das Stillen gut überwachen kann und welche Stillstellungen mir, meinem Baby und meinen Steinbrüsten helfen. Das ist wirklich harte Arbeit. Ich bin den ganzen Tag damit beschäftigt zu stillen, zu wickeln, zu wiegen, zu essen, zu trinken und mit allem von vorne anzufangen.

Meine Hebamme tastet meinen Bauch ab und spürt, dass meine Gebärmutter sich sehr schnell zurückbildet und ich deshalb so starke Schmerzen habe. Laut meiner

Erinnerung sind das Nachwehen, die wohl dafür sorgen, dass sich die Gebärmutter zurückzieht. Autsch!

Was passiert sonst noch im Wochenbett? Eigentlich ist man 24/7 mit Schwitzen, Trinken und Bluten beschäftigt. Ich mein, wie durstig kann ein Mensch eigentlich sein? Ich: Kamel3000!

Die ersten Tage denke ich ständig, ich verdurste. Klar, Mann, mein Körper muss Milch produzieren und braucht Wasser. WASSER! Ich fühle mich wie das Cartoon-Männchen aus der Punica-Werbung damals in den Neunzigern, das sich durstig durch die Wüste schleppt. Wenn ihr es nicht kennt, bitte googeln. Los! Das bin ich ... in meiner persönlichen Wüste, dem Wochenbett. Mein Freund bekommt also die Aufgabe, mich mit Wasser zu versorgen. Das vergisst man nämlich selber gerne mal, also immer von dem*r Partner*in schön nachschenken lassen. Drei Liter am Tag sind Pflicht. Anderthalb Liter davon schwitze ich definitiv in der Nacht wieder aus. Ich checke am Anfang gar nicht, was los ist, als ich morgens komplett nass aufwache. Okay, es ist zwar Sommer, aber so habe ich sonst noch nie geschwitzt. Mir läuft die Suppe. Meine Haare sehen aus, als wäre ich in der Nacht einen Marathon gelaufen. Die Hebamme sagt, es sind die Hormone bzw. das Schwitzen kommt vom Stillen. Cool. Noch mehr Flüssigkeiten, die aus mir herauslaufen – das hat mir noch gefehlt. In dem Fall muss ich einfach laufen lassen und ziemlich oft duschen.

Apropos laufen lassen ... für untenrum habe ich mir Binden in Form von Surfbrettern besorgt. Die sind so lang und dick, dass ich es kaum in Worte fassen kann. Erst wenn du sie selber in den Händen hältst, weißt du, was ich meine und wirst richtig große Augen machen. Freundinnen werden dir schon erzählt haben, dass sie absurd groß sind, aber man checkt es erst, wenn man sie wirklich selber sieht. Mit den Dingern kann man nur im Bett liegen bleiben, sich allerhöchstens in der Wohnung bewegen. Draußen in der echten Welt denke ich, dass jeder, wirklich jeder, sehen muss, dass ich mit einer Matratze im Schlüppi durch die Straßen laufe. Aber diese Matratze braucht es halt echt, um das ganze Blut und das Gedöns, was da unten rauskommt, aufzufangen. Zumindest die ersten zwei Wochen. Dann wird es schlagartig besser und es reichen auch normale Binden. Irgendwann dann sogar Slipeinlagen. Größte Erleichterung ever, wenn man nicht mehr wie ein Cowboy durch die Gegend läuft und die Mumu mal wieder Luft bekommt und tiiiiief durchatmen kann.

Eigentlich sind alle Bedürfnisse plötzlich mal drei. Durst, Schwitzen, Müdigkeit und vor allem Essen. Ich habe so krassen Hunger, dass mein Freund kaum hinterherkommt mit der Nahrungsbeschaffung. Ich habe mal irgendwo gelesen, dass man während der Stillzeit locker eine ganze Tafel Schokolade am Tag zusätzlich essen könnte, weil man so viele Extrakalorien verbraucht. Das lass ich mir natürlich nicht zweimal sagen und gebe richtig Gas. Schoki & Co. waren ja der große Feind in der Schwangerschaft. Deshalb ist die Gier noch sehr viel größer und ich möchte alles probieren, was es in den letzten fünf Monaten neu ins Supermarktregal geschafft hat. Her damit! Zum Thema Essen komme ich aber auch ein paar Seiten später noch mal ... ich habe sogar paar Lieblingsrezepte für dich. Hey, so bin ich.

Babyblues – »Hello darkness, my old friend …«

Die ersten Tage hängen wir also wirklich sehr viel ab und ich stille gefühlt rund um die Uhr. Mein Bett ist meine Insel. Ich habe alles greifbar um mich herum platziert: Wasser, Stilltee, Kekse, Handy, Baby (klar!), Cracker. Eigentlich ziemlich gemütlich, denke ich noch, und weiß noch nicht, dass bald auch jede Menge Packungen Taschentücher um mich herumliegen werden. Erst ist es nur eine Melodie in meinem Kopf … »Hello darkness, my old friend« … HALLO! Kann mal bitte jemand den Betonstein von meiner Brust nehmen, damit ich wieder richtig Luft bekomme? Atmen ist gerade sehr schwer. Es wird irgendwie düster um mich herum. Der Strampler meines Sohnes ist nicht mehr rot-gestreift, sondern schwarz-weiß. Ich bin traurig und fange an, alles zu hinterfragen. Wieso genau wollten wir noch mal ein Baby? Unser Leben war doch ziemlich fucking awesome – wir konnten tun und lassen, was wir wollten und jeden Tag in vollen Zügen genießen. Und jetzt? Jetzt ist hier dieses Baby, das ich noch gar nicht kenne und das gleichzeitig komplett abhängig von mir ist. Wenn wir es nicht füttern, sauber halten und lieben, dann stirbt es. Wer hat sich denn dieses Konzept ausgedacht? Eigentlich war mir mein Tamagotchi damals doch schon zu viel Arbeit. Und jetzt soll ich das 18 Jahre lang so machen? Mir kommen die Tränen. Nicht nur einmal, sondern immer wieder aufs Neue. Wie kann ich denn hier rumheulen, obwohl ich gerade dieses kleine, süße Geschöpf neben mir liegen habe? Ich habe doch genau das, wovon so viele Frauen träumen. Mein schlechtes Gewissen wird überdimensional groß. Jetzt freu dich doch endlich,

Julia. Los, freu dich! So wie alle anderen das auch machen. Schließlich posten doch immer alle Fotos von der glücklichen Familie und schreiben Sätze darunter wie: »Jetzt sind wir endlich komplett. Du hast uns zu unserem Glück gefehlt!«

Super kitschig, klar. Aber so in der Art müssen sie es doch wirklich fühlen, oder? Sonst schreibt man das doch nicht. Google muss her, denn die Hebamme kommt erst übermorgen wieder und mein Freund hält mich sicher für mehr als verrückt, wenn ich ihm erzähle, dass ich unendlich traurig bin und am liebsten alles rückgängig machen würde.

Google hilft: Postnatale Depression, Wochenbettdepression, Babyblues – was viele Namen hat, beschreibt die gleichen Symptome: ausbleibende Muttergefühle, Antriebslosigkeit, Zweifel, Trauer und noch vieles mehr. Die Symptome können bis zu zwölf Monaten nach der Geburt auftreten und es gibt sie von ganz schwach bis zu lebensbedrohlich. In dem Fall muss man sich schleunigst um Hilfe kümmern und Partner*in und Familie mit einbeziehen. Alles in sich reinfressen und mit sich alleine ausmachen ist der absolut falsche Weg. Wie so oft hilft: darüber reden!

Kleine Verstimmungen, so wie ich sie spüre, scheinen also normal und das beruhigt mich enorm. Nach ziemlich genau fünf Tagen werde ich morgens wach und das Korsett aus Traurigkeit und Zweifeln löst sich. Als hätte endlich jemand den viel zu engen Knoten gelöst und ich kann wieder atmen. Ich habe sogar so was Ähnliches wie Schmetterlinge im Bauch und fühle mich wie frisch verliebt. Verliebt in mein süßes Baby, in die neue Rolle als

Mutter und in das Leben sowieso. Absoluter mood changer. Wahnsinn.

Trotzdem frage ich mich, wieso so wenige Mütter darüber sprechen, über den Babyblues? Denn anscheinend struggelt jede dritte Frau nach der Geburt mit der neuen Rolle. Die Scham darüber, nicht direkt wie Mutter Teresa zu funktionieren, scheint zu groß zu sein. Also lieber gute Miene zum bösen Spiel machen, Lächeln aufsetzen, Foto machen, Filter drüber und das Familienglück ist perfekt. Einen Filter fürs Wochenbett gibt es aber nicht.

Hier wird geweint, geblutet, gekuschelt, geschlafen. Manchmal sogar alles gleichzeitig.

Im Wochenbett darf alles fließen: Milch, Blut und auch Tränen.

Das Wochenbett ist der absolut falsche Zeitpunkt, um cool mum zu spielen.

Der erste Wochenbettbesuch

In den ersten Wochen fühlt sich die Mama unsicher und wie eine offene Wunde. Sie traut sich oft nicht zu sagen, was sie will. Gerade der erste Besuch stresst sie besonders. Sie ist damit beschäftigt, einen Still- oder Zufütterrhythmus zu finden und das Baby kennenzulernen. Deshalb stelle dir erst mal folgende Frage: Bin ich gerade wichtig? Warum muss ich das Baby zuerst sehen? Geht es gerade um mich? Wenn du die Fragen alle ernsthaft beantwortest hast, dann befolge unbedingt folgende zehn Regeln:

Der große Wochenbett-Knigge

1. Frag, ob du wirklich vorbeikommen sollst
2. Akzeptiere, wenn dein Besuchstermin (ständig) nach hinten geschoben wird
3. Wenn du nicht gefragt wirst, ob du vorbeikommen willst, dann warte mindestens 14 Tage
4. Bleib nicht länger als 15 Minuten, außer es ist explizit von der Mutter gewünscht
5. Keine Übernachtungsgäste
6. Bringe immer was zu essen mit
7. Schenke keine Rassel und kein Kuscheltier, davon bekommt Baby genug
8. Wenn du dem Baby etwas schenken willst, frag vorher, was die Familie sich wünscht
9. Im Wochenbett am besten immer die Mutter beschenken
10. Nicht das Baby einfach hochnehmen, außer es wird dir angeboten

Der schlimmste Moment im Wochenbett war der, als mein Partner wieder arbeiten gegangen ist. Nach 14 Tagen war ich mit dem Baby alleine. So alleine habe ich mich seit dem positiven Schwangerschaftstest nie wieder gefühlt. Es war furchtbar.

Am schlimmsten aber ist, wenn Väter anderen Vätern Tipps geben wie: »Schlaf du am besten nachts, dann bist du tagsüber fit und deine Freundin kann schlafen.«

Wo soll ich anfangen?

1. Ich kann tagsüber einen Scheißdreck. Ich habe ja so schon Schlafstörungen. Wie soll man bei der Aufregung und dem Stress mit einem Neugeborenen entspannt tagsüber schlafen?
2. Nachts brauche ich mentale Unterstützung. Ich brauche jemanden, der einfach da ist und nicht nebenan entspannt durchpennt, damit er fit für die scheiß Arbeit ist.
3. Tagsüber mit dem Baby zu Hause zu sein ist Arbeit! Früher nannte man das Haushalt. Heute ist es die Care-Arbeit mit dem Baby. Die Arzttermine wahrnehmen, auf Kita-Wartelisten setzen, die Babykleidung kaufen und schauen, wann die nächste Größe anbricht, Besuchstermine mit Freund*innen und Familie vereinbaren.

Was mich am meisten nervt, ist, dass in allen Familien, die ich kenne, die Frauen die interne Familien-Orga übernehmen müssen. Das wird einer Frau einfach übergestülpt. Weil wir das so gelernt haben. Das ist faul, ignorant und respektlos. Und dieser Groll ist mein Antrieb. Ich möchte in meiner Beziehung Gleichberechtigung. Und das macht uns bei Freundinnen, Freunden und Familie zu Vorbildern. Mein Freund ist so nah mit dem Kind wie kein Mann, den ich kenne. Er hat von Anfang an für eine gute Beziehung gekämpft. Er hat sich das Baby einfach geschnappt und es beruhigt. Auch wenn meine inneren Mamasignale gerufen haben »Er will zu seiner Mama« und mein Freund damit viel mehr Beruhigungsarbeit hatte als ich, hat es sich gelohnt. Nur wenn der Mann den Kampf der Gleichberechtigung mitkämpft und wirklich Lust hat, dann funktioniert das Konstrukt auch. Und ich spreche hier jetzt von der heterosexuellen Beziehung, weil ich selbst in einer lebe. Das Gleiche gilt auch für gleichgeschlechtliche Paare, das ist völlig klar wie Kloßbrühe.

Besuch im Wochenbett – ja oder nein?

Es braucht ein Dorf, um ein Kind großzuziehen. Kennt ihr den Spruch? Das ist einer dieser Sprüche, die man sich als Wandtattoo übers Babybett hängen könnte. Er lässt sich wunderbar in Grußkarten schreiben und hatte bestimmt auch vor sehr vielen Jahren mal seine Berechtigung. Klar, wäre mega cool, wenn jeden Tag jemand Essen für uns kocht, die Wäsche wäscht, zu Hause aufräumt und mal mit dem Kind 'ne Stunde um den Block geht. In der Theorie. In der Praxis bin ich da aber null der Typ für. Wir haben in den ersten Tagen und Wochen gefühlt jeden Tag Besuch da und es stresst mich krass. Ich sehe mich selber von oben, wie ich da im Bett liege und die Rolle der frischgebackenen, perfekten Mutter spiele: »Hallo, ich bin Julia, ich bin jetzt Mutter, das ist mein Baby, ja, supersüß, oder? Die Geburt war krass, ja, warte, ich erzähle es gerne zum 130 248. Mal, denn ich bin total fein damit, habe kein Geburtstrauma erlitten und möchte gerne wieder und wieder an das Szenario erinnert werden, nö, stört mich gar nicht, dass alle meine Brüste sehen, während ich noch etwas umständlich stille, hahaha, ich bin natürlich immer noch total witzig drauf und hab mich null verändert jetzt mit diesem kleinen Wurm im Arm, der zu früh kam. Und ich mache mir auch nicht rund um die Uhr Sorgen, Quatsch.«

Ich liebe meine Friends und meine Family, aber am liebsten wäre es mir gewesen, wenn sie den gekauften Kuchen einfach vor die Tür gestellt hätten und ich meine Ruhe gehabt hätte. Im Wochenbett tickt jeder anders – deshalb gilt: Nur, weil du vor der Geburt vielleicht gesagt hast, dass du dich über Besuch freust, heißt es nicht, dass es nach der Geburt immer noch so sein muss. Entscheide von Tag zu Tag und von Woche zu Woche. Ich kenne viele, die es total cool fanden, wenn sie ein bisschen Ablenkung in Form von Besuch hatten, und wieder andere haben die ersten zwei Monate niemanden gesehen. It's up to you.

Auch wenn du keinen Bock auf Leute in der Bude hast, heißt es nicht, dass sie nicht »da« sein können. Frag sie, ob sie eine Portion Bolo für euch mitkochen oder wenn du sonst irgendwas brauchst. Die meisten freuen sich, wenn sie was tun können und klare Anweisungen bekommen.

Deshalb hier meine Top sechs für Rezepte zum Nachkochen oder In-Auftrag-Geben. Viele Freunde wissen nicht, wie sie am besten unterstützen können und freuen sich über klare Ansagen. Genauso der*die Partner*in, der*die vielleicht auf dem Schlauch steht und nicht weiß, was dich für den Moment satt und glücklich macht. Hier also einige meiner Lieblingsessen und Snacks, die Mutter und Kind ziemlich happy machen:

Die besten Rezepte fürs Wochenbett

Stillkugeln

Stillkugeln sind der Shit. Die schmecken nicht nur geil, sondern geben deinem Körper genau das, was er braucht, und regen die Milchproduktion an. Alle Zutaten sind eiweiß- und kalziumhaltig und der Hafer ist sogar milchbildend. It's magic!

Das hier ist das Basic-Rezept, du kannst es nach Belieben abwandeln und stuff hinzufügen.

Zutaten

- 125 Gramm Datteln
- 30 Gramm Leinsamen
- 30 Gramm Haferflocken (ganzes Korn)
- 80 Gramm Mandelmus (oder Erdnussbutter)
- 1 Prise Salz
- Gehackte Nüsse oder Kokosflocken nach Belieben

Und so geht's

1. Zerkleinere die Datteln in der Küchenmaschine, bis sie eine klebrige Masse bilden.
2. Gib jetzt die Leinsamen, Haferflocken, das Mandelmus und das Salz dazu und zerkleinere alles, bis die Masse fein gerieben ist. Sie sollte jedoch noch klebrig genug sein, um sie formen zu können!
3. Für ein Bällchen nimmst du etwa einen Teelöffel von der Masse. Rolle sie in deiner Hand zu einem kleinen Ball.
4. Wenn du möchtest, kannst du sie jetzt noch in z. B. gehackten Nüssen rollen.
5. Im nächsten Schritt legst du alle Stillkugeln auf ein Backblech mit Silikonunterlage und stellst dieses in den Kühlschrank, bis die Kugeln fest sind.

Die Kugeln halten sich eine Woche im Kühlschrank, man kann sie aber auch easypeasy einfrieren. Schmecken aber eh so gut, dass sie nicht lange leben.

Pasta-Soßen

Ob Bolognese (mit Fleisch oder ohne), Champignoncreme, Gemüsesoße, Pesto ... hmmmm, Soßen. Leckere Soßen gehen immer. Denn ein paar Nudeln in's Wasser schmeißen, das schafft man immer irgendwie und das ist eine geile Mahlzeit, die satt und glücklich macht.

Auch praktisch: Lasst euch selbst gemachtes Pesto in Gläsern schenken, hält sich lange und ist perfekt, wenn es ultraschnell gehen muss. Aber hier kommt mein absolutes Lieblings-Wochenbett-Essen. Kartoffel-Lauch-Hack-Suppe. Hmmmmm:

Kartoffel-Lauch-Hack-Suppe
(aka das beste Essen der Welt!)

Das ist meine heiß geliebte Lieblingssuppe, die ich in der Schwangerschaft in so großen Mengen gegessen habe, dass es mich nicht gewundert hätte, wenn mein Baby bei der Geburt danach gerochen hätte. Diese Suppe ist pure Perfektion und schmeckt am zweiten, dritten und vierten Tag noch besser. Deshalb ist es besonders wichtig, sie in sehr großen Mengen zu kochen (kochen zu lassen).

Zutaten

- 600 g Kartoffeln
- 1 Zwiebel
- 2 Stangen Lauch
- 3 EL Rapsöl
- 400 g Hackfleisch gemischt
- 1,2 l Gemüsebrühe
- 100 ml Sahne
- 50 ml Weißwein

- 1–2 Packungen Sahne-Schmelzkäse (ja genau, der komische Käse, der eigentlich kein Käse ist und sehr wahrscheinlich nur für diese Suppe erfunden wurde)
- 100 g Emmentaler, gerieben (ich gebe auch gerne noch etwas Parmesan dazu)
- 1 Prise Pfeffer
- 1 Prise Salz
- 1 Prise Muskat

Und so geht's

- Kartoffeln und Zwiebel schälen und in kleine Würfel schneiden. Lauch waschen und in Scheiben schneiden.
- Rapsöl in einem Topf erhitzen. Zwiebeln und Lauch anbraten. Hackfleisch und Kartoffeln hinzufügen und kurz anbraten. Mit Gemüsebrühe aufgießen und 20 Min. köcheln. Sahne und Weißwein dazugeben.
- Den Käse unterrühren und mit Pfeffer, Salz und Muskat abschmecken. Ihr kleinen Feinschmecker!

Und sind wir mal ehrlich – natüüüürlich hat man im Wochenbett richtig oft Bock auf Pizza, Burger, Pommes & Co. Aber es lohnt sich halt echt, darauf zu achten, genug Nährstoffe aufzunehmen. Sonst ist man noch fertiger, als man eh schon ist, und die Milch fließt halt auch am geilsten, wenn der Körper das bekommt, was er braucht. Aber alles in allem gilt: Lass es dir gut gehen, iss das, worauf du Bock hast, und lass dich von allen Seiten verwöhnen! Du bist die Queen of Wochenbett und die Bestimmerin. So wie am Geburtstag, nur das eben mindestens acht Wochen lang.

Chillig durch den Alltag

Gaaaanz langsam im Alltag ankommen

Das Wochenbett ist over, mein Freund geht wieder arbeiten und Baby und ich sind (mehr oder weniger) auf uns allein gestellt. Die letzten Tage war mir deswegen doch ein bisschen mulmig zumute. Stelle ich mich krass an? Ich kann ja wohl mit einem kleinen, hilflosen Baby alleine bleiben! Ich meine, was soll es schon machen? Mich anschreien und beleidigen? Eher unwahrscheinlich. Mit Schnullern nach mir werfen? Würde mich überraschen. Trotzdem bin ich irgendwie aufgeregt. Das war schon extrem praktisch, dass man sich morgens in Ruhe fertig machen konnte oder zumindest aufs Klo gehen konnte, ohne dass man mit einem Ohr nach dem Kind horcht. Außerdem konnte sich immer einer ums Essen kümmern, den Haushalt und alles, was sonst so anfällt, erledigen. Aber hey, ich bin eine emanzipierte, selbstständige Frau und natürlich werde ich es schaffen, mich und mein Kind durch den Alltag zu bugsieren. Easyyyyyy!

Okay, okay, schon mal vorab, es gibt gute und es gibt schlechte Tage. Natürlich! Wie bisher eigentlich in jedem Kapitel, oder? Fangen wir mit den guten Tagen an!

Die wichtigste Regel am Morgen: Hab keine Erwartungen an den Tag! Das solltest du dir wie ein Mantra immer und immer wieder sagen. Hab keine Erwartungen an den Tag! Hab keine Erwartungen an den Tag! Hab keine Erwartungen an den Tag! Ich bin sogar kurz davor, mir diesen Satz tätowieren zu lassen. Zumindest hab ich es mir mental von innen, mit einer Reißzwecke an die Stirn gepinnt. Da kann ich sie jeden Tag sehen und wenn ich morgens zu euphorisch bin, lese ich diesen Zettel und atme erst mal tief durch, bevor ich gleich wieder zu viele Pläne für den Tag mache. Bist du dir also deines Mantras bewusst, kann eigentlich schon gar nicht mehr so viel schiefgehen. Denn ab jetzt kannst du eigentlich nur noch positiv überrascht werden. Wie bei einem Film, von dem alle sagen, dass er nur so mittelmäßig ist – und du dann ohne Erwartungen einen entspannten Filmabend machst und danach völlig zufrieden mit dem Ergebnis bist. »Super Film! Die letzten zwei Stunden wurde ich bestens unterhalten.« Wenn ich jetzt also sagen würde »Das Leben mit Kind ist wie eine Schachtel Pralinen, man weiß nie, was man bekommt«, dann wäre das zum einen ganz schön doller Kalenderspruchkitsch und zum anderen würdet ihr merken, dass ich Forrest Gump zu oft geguckt habe. (Ich gucke nämlich nicht nur mittelmäßige Filme, sondern auch richtig gute!)

Zurück zum Alltag mit Baby. Um meine Erwartungen für den Tag ganz grob auf einer Skala einsortieren zu können, gehe ich erst mal die Checkliste durch:

1. Sind alle gesund? – Check!
2. Wie war die Nacht? – War okay, ich kann zumindest die Augen offen halten!
3. Wie ist das Wetter? – Sonne scheint!
4. Wie viel saubere Klamotten habe ich noch? – Der Pulli von gestern geht noch!
5. Stimmung vom Baby? – Sieht ziemlich zufrieden aus!

Das sind schon mal sehr gute Voraussetzungen, um den Tag weit oben auf der Skala zu starten. Die Skala sieht nämlich so aus: Ganz unten haben wir die richtigen Motherfucker-Arschloch-Tage. Das sind die, an denen ich so müde bin, dass ich schreien möchte und der ganze Körper wehtut. Das Baby ist unzufrieden und kommt nicht zur Ruhe und ich habe das Gefühl, dass mir jemand ein wildfremdes Kind in die Hand gedrückt hat, das ich einfach nicht lesen und beruhigen kann. Außerdem hat sich eine Brust entzündet und der Kühlschrank ist leer und der Haussegen hing auch schon mal deutlich gerader. Solche Tage hatten wir bisher sehr selten, aber es gibt sie. Dann gibt es die ganz normalen Durchschnittstage: Alle sind gesund, die Laune ist okay, aber es passiert auch nichts weiter außer, dass man blöd zu Hause rumliegt und vom Bett aufs Sofa wechselt. Bis mittags noch gemütlich, aber dann fällt einem irgendwie die Decke auf den Kopf. Um jetzt aber noch mal rauszugehen, fehlt die Motivation. Der Tag ist also am Ende völlig belanglos, aber irgendwie auch ganz schön und vor allem gechillt. Von der Mitte der Skala geht es dann eigentlich nur noch steil bergauf. Ab hier ist alles geil. Mal ein bisschen geil und mal so geil, dass ich laut »Oh happy day!« rufen möchte.

Das sind die Tage, die einen Mix aus Spazieren, Kaffeeholen, 'ne Runde durch die Drogerie und vielleicht noch ein paar bekannte Gesichter treffen bereithalten. Also die Tage, an denen ich mich fühle wie eine krasse Übermutter. »Guckt mal alle her! Ich kann mich ganz alleine um mein Baby kümmern und ich habe eine Hose an und bin draußen. Ich fühl mich lässig und leicht und hab alles unter Kontrolle. Elternzeit fühlt sich mega an.« Okay, okay, stimmt ja, das Baby ist immer noch klein und schläft die meiste Zeit. Könnte ganz vielleicht auch noch mal bisschen anstrengender werden, aber hey, bis dahin genieße ich noch kurz und bin einfach 'ne Runde stolz.

Um von den schlechten Tagen zu berichten, muss ich vielleicht ein bisschen ausholen. Was heißt ausholen, sie bekommen ein eigenes kleines Unterkapitel mit Windeln an. Denn die Kacktage kommen ja nicht nur von ungefähr, sondern auch von gestörten Vorstellungen und schlechten Vorbildern. Here we go ...

Instagram versus Realität

Bei den meisten Dingen, die man zum ersten Mal erlebt, hat man vorher eine gewisse Vorstellung, wir sprachen schon darüber. Früher, also so ganz doll früher, als unsere eigenen Eltern noch jung waren, haben sie ihre Erfahrungen aus Erzählungen gezogen oder Bücher gelesen oder haben sich vielleicht auch nicht so einen verdammten Kopf gemacht und Dinge einfach ausprobiert. Wir, also wir alle, jetzt, heute, ziehen unsere Erfahrungen aus dem Internet und wenn ich Internet schreibe, meine ich Instagram. Instagram ist für mich Tageszeitung, Google, Wetterbericht, Kochbuch, Beziehungsratgeber, Make-up-Tutorial, Onlineshop und Polit-Talk in einem. Hier spielt sich alles ab. Seit ich also weiß, dass ich schwanger bin, ist mein Feed noch um ein paar Topics angewachsen. Babyläden, Hebammenwissen, Muddi-Blogger – das volle Programm. Beim Durchscrollen meines neuen Feeds stelle ich eine Pastelligkeit fest. Keine Ahnung, ob es das Wort gibt, aber plötzlich ist jeder Post in schöne, harmonische Pastellfarben getaucht. Wolle-Seide-Bodies in Leberwurst-Rosé, Schnuller in zartem Türkis, Kissen und Bettchen in Salbei, Musselin-Spucktücher in Flieder. Hübsche Mütter mit perfekten Beachwaves schieben fleckenfreie Kinderwagen durch die Straßen, die gesäumt sind von Kirschblütenbäumen. Mütter, die sich zu Hause mit der einen Hand einen Matcha-Latte anrühren, während sie mit der anderen Hand das Kind stillen. Mütter, die ihr lachendes Baby unter einem Spielbogen aus nachhaltigem Holz legen und nebenher ihre E-Mails abarbeiten und noch eine kleine Liebeserklärung unter dem dazugehörigen Post verfassen. Glaubt man Instagram, ist das Leben mit Kind eine nicht endende Fahrt auf einem Karussell. Ihr wisst schon, so ein ganz ganz schönes altes Karussell mit Pferden und Kutschen. Mit Gold und Pastell. Natürlich Pastell. Alle lachen und sind glücklich und haben den Spaß ihres Lebens.

Natürlich bin ich nicht blöd und weiß, dass man Instagram nicht trauen darf und wir hier alle an der Nase herumgeführt werden. Aber wie das immer so ist mit Dingen, die man immer und immer wieder sieht. Irgendwann brennen sie sich ins Gehirn ein. (Ich weiß noch, wie ich damals dachte, Stan Smith sei der hässlichste Sneaker, den ich je gesehen habe. Sechs Monate Instagram später und für mich war der Schuh plötzlich Ästhetik pur - Danke, Instagram! Danke, Influencer!)

Umso härter ist dann doch die Erkenntnis, dass das Leben mit Kind eben nicht die Fahrt auf dem Pferdekarussell ist, sondern eine auf der Achterbahn daneben. Auf und ab. Jeden Tag aufs Neue. Und wenn du denkst, dass du bei der Fahrt weißt, was dich erwartet, kommt doch wieder eine neue fiese Kurve, mit der du nicht gerechnet hast und die dich komplett aus der Bahn wirft. »Alle einsteigen! Die Fahrt geht weiter. Eine neue Runde! Festhalten bitte!«

LIFE IS A ROLLERCOASTER, JUST GOTTA RIDE IT ... I NEED YOUUUUUUU ... okay, sorry, wer mich kennt, weiß, dass ich für mein Leben gerne singe. Viel zu laut und immer, wenn man denkt, Julia ist drüber, dann kommt noch einer. Hey, aber was Ronan Keating bereits 2000 besungen hat, geht mir halt eben nah und spricht mir quasi aus der Seele. Na guuut, vielleicht hat er nicht unbedingt eine Mutter Anfang dreißig gemeint, die überrascht davon ist, dass der Alltag mit Baby wie eine wilde Achterbahnfahrt ist. Aber ich fühle den Song trotzdem.

Um also noch mal kurz bei der Achterbahn zu bleiben. Ein Tag mit Baby (sagen wir mal zwischen dem dritten und dem achten Monat) sieht in etwa so aus: Du wirst wach, weil dein zuckersüßes Baby freudig und neugierig neben dir im Bett gluckst. Völlig verliebt drehst du dich zu ihm hin und hast kleine Schmetterlinge im Bauch.

Ganz genau so, wie wenn der Sicherheitsgurt auf der Achterbahn automatisch runtergeht und du vor Aufregung Kribbeln im Bauch hast. Absolute Vorfreude auf das, was kommt. Die Fahrt geht los. Und so startet auch der Morgen mit Baby. Glück pur. Die Bahn fährt weiter langsam hoch, bis zum höchsten Punkt. Dein Körper schüttet jetzt schon so viel Adrenalin aus, dass du auf deinem absoluten Höhepunkt bist. Du kuschelst und spielst wahrscheinlich gerade mit deinem Baby, das über beide Ohren lacht und ohne Ende happy ist. Ihr seid eine Einheit, ein Team, die Liebe ist unbeschreiblich. Du planst in deinem Kopf den perfekten Tag für euch zwei: spazieren gehen, Lunch mit einer Freundin, während das Baby den Mittagsschlaf im Kinderwagen macht, vielleicht danach sogar noch 'ne Runde shoppen und später zu Hause gemütlich kochen und Abendessen zu dritt. Die Achterbahn verweilt einen kurzen Moment am höchsten Punkt, um dann völlig unvorbereitet in die Tiefe zu stürzen. Es kommt so unvorbereitet, dass du von links nach rechts geschleudert wirst, absolutes Chaos im Kopf, du weißt nicht mehr, wo unten und oben ist. Die Fahrt kommt dir endlos lang vor und du möchtest bitte nur noch, dass es bald zu Ende ist und du heile wieder unten ankommst.

Wir nehmen dieses Gefühl und projizieren es zurück auf den Alltag mit Baby: Nach eurem perfekten Morgen siehst du plötzlich, wie dein Baby sich von unten bis oben eingekackt hat. Schnell zum Wickeltisch, alles ausziehen, die Kacke ist jetzt überall, Baby versucht immer wieder sich auf den Bauch zu drehen, statt auf dem Rücken liegen zu bleiben (toll, jetzt versucht es sich zum ersten Mal zu drehen. Jetzt!), Baby schreit, du findest die Feuchttücher nicht, kannst aber auch nicht suchen gehen, weil Baby ja nicht alleine auf dem Wickeltisch rumturnen kann. The struggle is real. Also doch einfach direkt in die Badewanne. Baby schreit, hat keinen Bock, du selbst bist mittlerweile auch voller Kacke und unter Tränen und Strampeln schaffst du es irgendwie, das Baby, welches sich gerade eher anfühlt wie ein Tintenfisch mit acht Armen, zu säubern und wieder anzuziehen. Kurzer Blick aufs Handy, Nachricht vom Freund: »Ah shit, hab übrigens gestern vergessen, die Feuchttücher zu kaufen. Bis später, Kuss.«

Danke für nichts!

Und so geht der Tag dann irgendwie auch weiter. Von dem glücklichen Kind von heute Morgen ist leider keine Spur mehr und es wird den ganzen Tag genörgelt und gewimmert. Bis wir endlich aus dem Haus kommen, ist die Mittagspause der Freundin schon wieder vorbei und unser Lunch somit auch abgesagt. Für mich gibt's 'ne trockene Laugenstange vom Bäcker und Latte Macchiato auf die Hand. Hey, fast wie auf Insta. Fast. Ich glaube ehrlich gesagt nicht, dass die Insta-Mums einen leichten Kackegeruch mit sich rumtragen und eine glutenhaltige Laugenstange vom Vortag einatmen. Aber immerhin scheint die Sonne und wir laufen also ziellos durch den Kiez. Wenn das Baby gerne im Wagen liegt oder sitzt, ist draußen zu sein immer besser als alleine zu Hause zu sein. Hier hat man zumindest das Gefühl, Teil der Gesellschaft zu sein und die Frauen oder Männer an der Kasse reden wenigstens kurz mit dir. Ich muss nur aufpassen, nicht in Babysprache zu antworten.

Es ist Zeit für den Nachmittagsbrei und wir gehen wieder nach Hause. Beim Füttern sehe ich, dass ein Zahn durchkommt. Deshalb also die schlechte Laune, der fehlende Mittagsschlaf und der nicht vorhandene Appetit. Irgendwas ist immer. Wenn es kein Zahn ist, ist es ein Entwicklungsschub oder mal wieder eine Impfung mit anschließendem Fieberschub oder 'ne ordentliche Rotznase, die zu unruhigen Nächten führt ... Den perfekten Tag gibt es nicht. Eben nur auf Instagram. Von dieser Vorstellung muss man sich früh verabschieden. Denn wenn man wenig erwartet, kann man nur noch positiv überrascht werden.

Am Abend bin ich durch. Das »gemütlich Kochen«, wird durch Bestellessen ersetzt, statt mit meinem Boyfriend über den Tag zu quatschen, möchte ich nur noch eine Serie gucken und meine Ruhe haben. Am liebsten würde ich den Tag mit einem Glas Wein runterspülen. Geht ja leider nicht, deshalb nehme ich eine Tüte M&Ms – hat den gleichen Effekt. Sie schmecken tröstend und ich glaube, dass sogar eines der M&M-Männchen mir über den Kopf streichelt und sagt, dass morgen alles besser wird. Bestimmt hat es recht.

Denn das Verrückte ist ja, dass man am Morgen wieder auf null gestellt ist. Ich habe Bock, mir wieder ein Ticket für die verdammte Achterbahn zu kaufen und mich erneut ins Abenteuer zu stürzen. Kann es kaum erwarten und schlafe erschöpft, aber voll Vorfreude ein. Ganz leise singt Ronan Keating noch in meinem Ohr ... »Life is a rollercoaster, just gotta ride it ... Don't fight it, fight it, fight it.« Pssst, Ruhe jetzt, ich muss schnell schlafen!

Das erste Mal mit Baby rausgehen

Nach 14 Tagen Wochenbett und wirklich nur liegen, fällt mir die Decke schon sehr auf den Kopf. Ich bin kurz vorm Heulen. Mir fehlen Vitamin D und soziale Kontakte. Ich bin so gespannt, wie es wird, zum ersten Mal mit Baby rauszugehen. Deshalb bereite ich mich richtig darauf vor und packe meine Tasche, als würde ich verreisen. Dabei hat mir meine Hebamme eh nur erlaubt, einmal um den Block zu gehen. Ich soll das Baby noch nicht tragen, wegen der Geburtswunden. Ich bin untenrum ja noch ein großes schwarzes Loch. Deshalb freue ich mich auf den allerersten Ausflug mit dem neuen Kinderwagen. Das wird 'ne kleine Spritztour mit Baby, denke ich. Aber es ist viel krasser. Wir gehen raus, es ist ultra warm und schön und ich fühle mich wie auf Drogen. Ich habe das Gefühl zu fliegen. Das Gefühl ist unbeschreiblich. Ich bin stolz und voller Glückshormone und denke, dass alle mich und das Baby anschauen. Viele schauen in den Kinderwagen und freuen sich über das babykleine Minibaby. Ich will es beschützen und bin stolz. Laufen fühlt sich komisch an, der Beckenboden zieht mich noch nach unten wie alle Songs von Adele (klar mache ich den Joke zweimal).

Dieses Gefühl würde ich so gerne speichern. Wie einen Screenshot auf dem Handy.

Das erste Mal ohne Baby unterwegs

»Willst du kurz einkaufen gehen?«, fragt mein Freund. Ich breche in Tränen aus. Ich bin ganz emotional. Ich kann mir weder vorstellen, ohne mein Baby rauszugehen, noch ganz alleine unterwegs zu sein. Ich bin ganz alleine auf mich gestellt. Ohne meinen Schutz. Ich mache es trotzdem: Ich gehe einkaufen. Ich bilde mir ein, dass mich alle Menschen auf der Straße angucken. Alle! Ob die checken, dass ich Mutter von einem Baby bin? Dass ich eine Geburt hinter mir habe? Dass ich ein völlig neuer Mensch bin? Ich habe eine Grenze überschritten, von der ich vorher gar nicht wusste, dass es sie gibt. Ich bin jetzt im Eltern-Club. Ich spreche plötzlich mit 58-Jährigen über ihre 29-jährige Tochter und gebe Erziehungstipps. Denn hey, ich bin jetzt auch Mutter. Ich weiß jetzt alles.

Das erste Mal rausgehen ohne Kind ist eine Reizüberflutung, ein Spaziergang voller Emotionen. Ich fühle mich schrecklich und gleichzeitig so frei, als wäre ich ein glückliches Single-Girl, das alleine mega gut klarkommt. Alleine sein ist so krass Wellness für den Kopf und den Körper. Man hat kein Baby an sich dran, man ist selbstbestimmt und kann machen was man will, sich bewegen wie man möchte. Und vor allem gehe ich aus dem Haus und habe nur einen Schlüssel und meinen Geldbeutel in der Tasche. Sonst nichts. Ich weiß nicht, wann ich das letzte Mal so schnell vor der Tür war. Denn normalerweise heißt rausgehen mindestens zwei Menschen anziehen, also das Baby und mich (im Sommer ist das noch easy, aber warte mal ab, bis der Winter kommt). Ich stehe also vor der Tür und fühle mich ein bisschen wie eine Disney-Prinzessin. Ziemlich sicher bin ich Belle aus »Die Schöne und das Biest« (schließlich haben wir beide dunkles Haar) und ich hüpfe in Zeitlupe durch mein kleines Dorf aka meine Straßen im Kiez. Ich grüße hier und dort »Bonjour, bonjour ... Bonjour!« (So wie Belle das halt auch macht!) und bin vogelfrei. Ganz vielleicht zögere ich meinen ersten Einkauf alleine bis zum Maximum in die Länge. Zum einen aus purer Absicht, damit das Gefühl von Freiheit so lang wie möglich anhält. Zum anderen aber auch einfach, weil mein Hirn so unfassbar langsam ist, dass ich vor den Regalen im Supermarkt stehe und einfach nicht mehr weiß, was ich eigentlich kaufen wollte. In Zeitlupe bewege ich mich durch diesen Laden, den ich unter normalen Umständen in- und auswendig kenne, und versuche mich daran zu erinnern, was wir sonst eigentlich so im Kühlschrank haben. Wahnsinn. So ein Stillhirn darf man wirklich nicht unterschätzen. Genauso wenig wie neue Gewohnheiten, weswegen ich mich auch plötzlich, dort in diesem Supermarkt, dabei erwische, wie ich einen Einkaufswagen mit der einen Hand hin- und herschiebe, als würde ich ein schlafendes Kind in Bewegung halten. So wie ich das sonst halt immer mache, wenn ich Dinge erledige und zum Stillstand komme. Nur dass ich halt gar kein Baby dabeihabe, sondern wie ein Vollidiot einen leeren Einkaufswagen »beruhige«. Ich gucke mich schnell um, ob jemand meine Unzurechnungsfähigkeit mitbekommen hat, und packe letztendlich einfach irgendwas in diesen Wagen, damit ich bloß nicht weiter auffalle. Kein Wunder, dass mein Freund später mit einem großen Fragezeichen im Gesicht in den Beutel guckt, als ich nach Hause komme. Wird er sicher was draus zaubern können ... Fischstäbchen mit Rote Bete und Milchreis sind doch sicher irgendwo ein Klassiker, oder?

So seltsam das erste Mal ohne Baby draußen zu sein auch ist, merke ich schnell, dass ich mehr davon will. Ich bewege mich anders alleine, bin witziger, schlagfertiger und vor allem bin ich für ein paar Minuten oder Stunden komplett bei mir. Nicht sofort, manchmal braucht es ein paar Minuten, um die volle Verantwortung abzugeben. Psychisch und physisch. Aber ich werde immer besser darin. Deshalb fangen mein Freund und ich an, das fest einzuplanen. Mal ist es ein Spaziergang mit einer Freundin, mal gehe ich für eine Stunde zur Massage, erledige Dinge oder nehme meinen Podcast auf.

Ich will eben nicht immer nur Mutter sein und so sehr man auch dazu neigt, das Kind immer mitzunehmen (schließlich stört es ja nicht, wenn ich eh 'ne Runde durch den Park spaziere), umso mehr merke ich, wie gut mein Kopf das findet, hin und wieder nur Julia und nicht immer Julia mit Baby zu sein. In unserem Fall war das jetzt kein großer Aufriss, weil mein Freund eh einige Monate Elternzeit genommen hat und ich mir dadurch bewusst Zeit für mich nehmen konnte. Aber auch wenn du das erste Jahr mit dem Kind alleine zu Hause bleibst und eine*n Partner*in hast, der*die abends von der Arbeit kommt, dann ist da immer noch genug Zeit, um eine kleine Me-Time einzulegen. Lass die beiden alleine ihr Ding machen und mach du deins. Zur Massage kann man auch am Abend gehen, genau so wie spazieren oder zum Sport gehen und anschließend 'nen Drink nehmen. Ey, manchmal ist es auch einfach nur cool, 'ne Runde um den Block zu gehen und dabei mit der besten Freundin zu telefonieren. Ich sag's euch, wenn ihr den Fuß wieder zu Hause in die Tür setzt, seid ihr ein neuer Mensch. Nämlich ausgeglichener, bestens gelaunt und freut euch doppelt und dreifach euer Baby wiederzusehen. Also, los ... geht raus!

Die erste Periode – the Zyklus of life

Als mein Baby drei Monate alt ist, habe ich plötzlich starke Schmerzen im Unterleib. Ich gehe zu meiner Hausärztin, um zu checken, was das sein könnte. Natürlich ist es Freitagmittag und alle anderen Ärzt*innen sind bereits im Wochenende. So was passiert wirklich immer freitags oder am Wochenende. Danke für nichts. Also gehe ich mit Baby und Freund in die Notaufnahme. Weil ich stille, muss das Baby mit uns kommen. Wir verbringen also viele Stunden im Wartebereich. Eine nette Pflegerin hat uns ein leeres Zimmer angeboten, damit wir dort warten und das Baby easy ablegen können. Das ist mega nett. Es klopft laut an der Tür, eine freundliche Frau kommt rein. Sie erzählt uns, dass sie auch vor acht Monaten Mutter geworden ist und gibt uns ein paar Stilltipps, weil sie sieht, wie ich mein Baby auf dem Bett im Liegen stille. Dabei tut mein Rücken immer furchtbar weh. Mein ganzer Körper ist wie ein verkrampfter Gummiball vom Stillen und Tragen.

Die Ärztin kann dann durchs Abtasten nichts feststellen und schickt mich zur Gynäkologin, ich laufe also den Krankenhausflur ständig hin und her, um irgendwelche Kontrollen zu machen. Die Gynäkologin bittet mich, mich auf den Stuhl zu setzen, damit sie von unten mit dem Ultraschall gucken kann, was da los ist. Sie guckt sich meine Gebärmutter, meine Blase und meine Eierstöcke an und sieht: »Ah, Frau Knörnschild, ihre Menstruation geht wieder los.« SCHEISSE! Nach drei Monaten? Ich dachte immer, dass ich, solange ich stille, verschont bleibe. Und warum zur Hölle habe ich so höllische Schmerzen? Bevor ich schwanger war, hatte ich immer starke Glieder- und Unterleibsschmerzen, als ich meine Periode hatte, aber so stark wie hier habe ich sie nicht in Erinnerung. Diese Schmerzen sind wehenähnlich.

Die Ärztin bittet mich im Zimmer noch einmal auf eine weitere Ärztin zu warten. Also laufe ich den Flur wieder zurück zu meinem Baby und meinem Freund. Dann klopft es wieder an der Tür und es kommt ein sehr großer Mensch herein. Ein weiterer Arzt. Er schlägt vor, ein großes Blutbild zu machen, um zu checken, ob ich irgendwelche Mängel habe. Klar, wir warten wieder anderthalb Stunden, bis die nächste Ärztin kommt, um mit mir das Blutbild durchzusprechen. Es klopft an der Tür und ein junger Mann kommt rein. »Es gab einen Schichtwechsel, entschuldigen Sie die lange Wartezeit, wir mussten eine Übergabe machen. Frau Knörnschild, wir haben eine Schilddrüsenüberfunktion bei Ihnen festgestellt. Ich muss Sie bitten, noch eine weitere Untersuchung hier zu machen.« Er schickt mich zu einem Arzt, der meine Schilddrüse mit dem Ultraschall checkt. Also laufe ich wieder den Flur entlang, zur nächsten Untersuchung. Dort fallen mir die tollen Fotos vom Krankenhaus-Team auf. Fröhliche Ärzt*innen und Pflegekräfte. Ich stelle mir vor, wie sie alle den Daumen nach oben zeigen, weil sie so gut drauf sind.

Ich klopfe im Zimmer 113, dort bittet mich ein junger

Arzt rein. Er holt das Gerät und checkt damit meine Schilddrüse. Da sieht er kleine Knötchen und Entzündungen und erzählt mir irgendwas von Hashimoto. Das ist eine Schilddrüsenkrankheit, die unheilbar ist. Wenn ich meine Periode nicht wiederbekommen hätte und nicht in der Notaufnahme gelandet wäre, hätte ich wahrscheinlich nicht mitbekommen, dass ich Hashimoto habe. Das ist eine Autoimmunerkrankung, von der ich selbst so wenig weiß wie die meisten Ärzte, zu denen ich gehe.

Aber egal: Die scheiß Menstruation, sie ist also zurück. Der Zyklus ist zurück. Der Zyyyyyykluuuuus of Liiiiiiiife. Und das LEEEEEBEEEEN, wie ein eeewiger Traum. Ja, ich bekomme hier gerade König-der-Löwen-Vibes und fange an zu singen. Meine erste Periode tut wirklich unglaublich weh. Ich verbringe drei Tage im Bett und lege das Baby einfach neben mich. Wir liegen zusammen rum und ich leide wirklich sehr unter den Schmerzen. Ich kann nicht mal eine Serie gucken, ich liege einfach nur rum und starre ins Nichts. Ich gucke in ein schwarzes Loch und bin dead inside. Kennt ihr Periodenschiss? Dieser breiartige Stuhlgang, der nur kommt, wenn man blutet? Der ist auch wieder am Start und ich fühle mich wirklich leer.

Seitdem meine Periode wieder da ist, kommt sie schwankend. Mal nach 23 Tagen, mal nach 31 Tagen. Der Zyklus ist relativ unregelmäßig, aber regelmäßig genug, um genervt davon zu sein. Da ich mir ja wegen Scheidentrockenheit keine Tampons mehr unten reinschiebe, trage ich nur noch Periodenunterwäsche. Die Mumu ist ausgetrocknet und trägt auch immer noch ein Geburtstrauma in sich, sodass ich mir da ganz sicher nichts mehr unten reinschiebe. Freund*innen nennen mich Tampon-

Leugnerin. Aber hier fragen jetzt sicher alle: Perioden-WHAT? Ja, richtig gehört, ich steige komplett auf Periodenunterwäsche um. Was ist das eigentlich für eine krasse Revolution? Man blutet in die Unterhose rein, es geht nichts daneben, es fühlt sich nicht nass an und trotzdem sieht man gut dabei aus? Seit ich diese spezielle Unterwäsche benutze, nervt mich am Zyklus nur noch das scheiß PMS. Ich dachte immer, so was benutzen doch nur Omas mit Damenwindeln, aber nein. Die Teile haben meinen Zyklus wirklich verändert. Aber kommen wir zu meinem Reizthema: PMS!

PMS mit Baby oder auch: AHHHHHH FUUUCK!!!

Erinnert ihr euch noch daran, als ihr im Alter zwischen 13 und 25 Jahren wart und die größte Sorge, die man hatte, war, dass man die Tage doch bitte nicht im Urlaub oder auf der Klassenfahrt oder beim ersten, zweiten, dritten Date bekommen soll? Damals war das Bluten an sich das eigentliche Problem. Anfänglich vielleicht noch, weil man den Umgang mit den Tampons noch nicht so ganz beherrschte und das ganze Thema rund ums Blut einfach eher im stillen Kämmerlein passierte. Mit dem Alter kamen dann auch die Bauchkrämpfe und Rückenschmerzen, aber nichts, was man nicht mit einer Ibuprofen in den Griff bekommen sollte. Kurz vor der Schwangerschaft, etwa ein bis zwei Jahre vorher, habe ich mich dann auch zum ersten Mal so richtig mit dem Begriff PMS auseinandergesetzt – Prämenstruelles Syndrom. Das sind die körperlichen und emotionalen Beschwerden, die schon mal vier bis vierzehn Tage vor dem

Beginn der Periode auftreten können und dann mit Beginn der Regel wieder aufhören.

Klingt erst mal gar nicht so wild, oder? Eher so, wie jemand, der halt einmal im Monat vorbeischaut und nach dem Rechten schaut. Leider kommt sie (PMS ist in meinem Kopf eine Frau!) nicht einfach mal so, um nett HALLO zu sagen, sondern sie hat so richtig was dabei an Gepäck. Wie Mary Poppins zaubert sie aus ihrer Tasche depressive Verstimmungen, super empfindliche und schmerzhafte Brüste, Kopfschmerzen, Rückenschmerzen, Wasser im ganzen Körper und allgemeine Unzufriedenheit. Also die Art von Besuch, der man am liebsten die Tür ins Gesicht knallen würde und beim nächsten Mal so tun würde, als wär man nicht zu Hause. PMS ist aber so hartnäckig wie die Zeugen Jehovas – die finden immer einen Weg rein.

Wie gesagt, vor der Schwangerschaft hatte ich also nur eine vage Ahnung, was da auf mich zukommen könnte. Dafür habe ich es dann im ersten Jahr mit Kind so richtig um die Ohren gehauen bekommen. Das volle PMS-Programm. Jeden Monat aufs Neue. Der erste Tag erwischt einen meistens knallhart. Wie 'ne Ohrfeige nach dem Aufwachen. Wieso bin ich denn heute so traurig und möchte nicht aus dem Bett? Wieso fühlt es sich so an, als würde es regnen, obwohl draußen die Sonne scheint? Ich versuche, es zu ignorieren und in den Tag zu starten. Aber wieso ist mir das »Muttersein« heute einfach viel zu viel? Ich bin doch sonst auch nicht so ungeduldig mit meinem Baby? Es klingelt ... nicht nur an der Tür, sondern auch in meinem Kopf. Sie ist wieder da. Die böse, fiese, ungerechte Frau namens PMS steht vor der Tür!

Herausfordernde Tage, die ich gestern noch auf die leichte Schulter genommen habe, liegen heute wie schwere Gewichte auf den selbigen. Ist das Kind besonders knatschig oder anstrengend, dann bin ich es auch. Ich nehme alles super persönlich, bin gereizt und kämpfe gar nicht mal so selten mit den Tränen. Here we go again.

PMS und auch die Periode sind natürlich schon ohne Kind ätzend, aber früher konnte man sich dann halt wenigstens die Decke über den Kopf ziehen, sich eine Wärmflasche um den Bauch schnallen und seine Ruhe haben. Wie sagt man so schön? Sich so richtig doll im Selbstmitleid suhlen und sich von Schokolade und Chips übers Köpfchen streicheln lassen. Ich werde ganz nostalgisch, wenn ich daran zurückdenke, wie ich früher einfach alle Dates an den schlechten Tagen abgesagt habe und wenn überhaupt, dann nur meinen Freund sehen wollte.

Das ist mit Kind natürlich eine komplett andere Geschichte! Dein Baby oder Kleinkind interessiert es herzlich wenig, ob du gut drauf bist, blutest wie ein geschlachtetes Schwein oder vor Traurigkeit morgens fast nicht aus dem Bett kommst. Business as usual ist hier angesagt, ob du willst oder nicht. Im besten Fall kann euch natürlich euer*e Partner*in, die Großeltern oder ein*e Freund*in zur moralischen Unterstützung beistehen. Aber jeden Monat Hilfe in Anspruch zu nehmen, macht am Ende natürlich auch niemand. Wie bescheuert kommt man sich denn da auch vor? Das Einzige, was also bleibt, ist, sich kleine Inseln der Erholung zu schaffen. Wie man das macht? Ich habe da Vorschläge für euch, es sind nur Kleinigkeiten, aber immerhin besser als nichts:

1. Du ziehst nur Klamotten an, die unfassbar gemütlich sind und in denen du dich wohlfühlst. PMS und die Periode sind definitiv nicht die Momente für 'ne enge Jeans.
2. Im Kühlschrank müssen UNBEDINGT deine Lieblingssachen sein. (Es wäre sonst nicht das erste Mal, dass ich heule, wenn meine geliebte Leberwurst bereits aufgegessen wurde.)
3. Versuch richtig doll easy mit dir selbst zu sein. Keine krassen To-do-Listen für den Tag, keine Ansprüche, Regeln oder sogar so was wie Sport (außer natürlich, du willst 'ne Runde Yoga machen – ey, das ist dann dein Ding!).
4. Hol dir draußen beim täglichen Spazierengehen deinen Lieblingskaffee oder was Geiles zum Naschen!
5. Belohn dich am Abend mit einer heißen Badewanne oder was dir sonst guttut.
6. Telefonieren mit der besten Freundin hilft immer. (IMMER!)

Die Tage werden dadurch kein Kinderspiel, aber nach und nach weiß man sich zu helfen. Und wenn dein*e Partner*in 'ne coole Socke ist, dann versteht er*sie, wie du dich fühlst und nimmt dir das Kind so viel wie möglich ab. Was man dir allerdings nicht abnehmen kann, sind die depressiven Verstimmungen. Ich stelle alles infrage, fühle mich einsam und bin unglaublich traurig. Aus meinem Umfeld weiß ich, dass es sehr sehr vielen Frauen so geht. Es gibt also absolut gar keinen Grund, sich dafür zu schämen oder zu denken, dass mit einem was nicht stimmt. Alles völlig normal!

Wirklich, alles völlig NORMAL!

- Du stellst plötzlich alles infrage und weißt gar nicht, ob du überhaupt noch Mutter sein möchtest? – NORMAL!
- Du vermisst dein altes Leben mit all seinen Freiheiten? – NORMAL!
- Du denkst, dass dich niemand versteht und fühlst dich alleine gelassen? – NORMAL!
- Du fühlst dich hässlich und unfähig? – NORMAL!
- Du überdenkst plötzlich deine Beziehung? – NORMAL!
- Du möchtest deinen Körper in einem großen Sack verstecken? – NORMAL!
- Du findest jeden um dich herum krass nervig? – NORMAL!
- Du ärgerst dich über Menschen, die du eigentlich total lieb hast? – NORMAL!
- Du möchtest die Koffer packen, auswandern und als Schmuckdesignerin auf Ibiza leben? – NORMAL!

ALLES NORMAL! Auch wenn es sich an diesen besagten Tagen alles andere als normal anfühlt. Diese fucking Hormone machen uns das Leben einfach echt nicht leicht, aber wir schaffen das! Und können krass stolz auf uns sein, dass wir das jeden Monat dann doch so gut meistern. Wir sind krass! Ihr seid krass! Seid lieb zu euch! Kuss!

Chillig durch die Stillzeit

Anfangsschwierigkeiten

Weil mein Baby ja ein paar Wochen vor dem errechneten Termin kam, hat es ganz viel geschlafen. So viel, dass ich es tagsüber und nachts wecken musste, damit es regelmäßig trinkt. Deshalb kam es bei mir, oh Wunder, nicht zu wunden, entzündeten oder pilzigen Brustwarzen. Da hatte ich aber Glück. Die Mamas in meinem Freundeskreis, die gleichzeitig Babys bekommen haben, hatten alle richtig Pech und haben wirklich eine traumatische Erfahrung gemacht. Da steckt das Trauma in den Brustwarzen. Ich habe das Gefühl, dass sehr viele Frauen ein kleines Trauma nach der Zeit in sich tragen. Manche im Bauch, die anderen in der Muschi, die anderen in der Kaiserschnittnarbe. Man spürt das Trauma richtig. Deshalb ist es voll cool, sich zum Thema Stillen vor der Geburt schon bei einer Hebamme beraten zu lassen, wie man das Baby richtig anlegt.

Es gibt sogar Stillberater*innen in jeder Region. Und wenn es keine gibt, gibt es auch Online-Beratungen. Gönnt euch das oder wünscht es euch zur Geburt. Die richtige Stilltechnik zu kennen ist so viel wert.

Hat eigentlich schon mal jemand probiert, Muttermilch im Milchaufschäumer aufzuschäumen? Ich ja. Eins kann ich euch verraten: Es geht. (Hier Kotzgeräusche einblenden.)

Das erste Mal in der Öffentlichkeit stillen

Boah! Ich muss wirklich sagen, dass ich kein Stillfan bin. Ich hasse es, meine nackte Brust in der Öffentlichkeit rauszuholen. Am unangenehmsten ist mir stillen vor Männern, die keine Kinder haben. Ich denke, dass sie am allerwenigsten verstehen, was gerade los ist. Aber das kann ich keinem vorwerfen, denn ich selbst checke auch gar nicht, was da los ist. Wir, also alle kinderlosen Männer und ich, sind noch nicht bereit für dieses völlig normale Spektakel. Ich schäme mich richtig dafür. Das ist leider gesellschaftlich so verankert, wir haben gelernt, dass Brüste sexy sein müssen. Wir lieben Brüste in Musikvideos, in Werbung und natürlich in Pornos. Deshalb ist es für mich nicht einfach, die Brust auszupacken und raushängen zu lassen. Dadurch, dass ich so unentspannt bin, ist mein Baby auch unruhig und trinkt, wenn wir draußen sind, nie genug Milch. So kommt es abends gerne mal zu kleinen Schreiattacken. Also DANKE, liebe Gesellschaft, für nichts! Holt eure Brüste raus! Stillt in der Öffentlichkeit! Seid Vorbilder für andere Frauen! Amen!

Milchpumpen sind absolute Lebensretter! Ohne sie könnten wir niemals länger als zwei, drei Stunden das Haus verlassen oder wieder arbeiten gehen, ohne vorher abgestillt zu haben. Und nicht zu vergessen: Die Pumpe ist für viele Frauen, besonders im Krankenhaus oder in den ersten Tagen, unumgänglich und hilft der Brust, so richtig in Schwung zu kommen. Der große gelbe Kasten hilft bei der Milchproduktion und regt den Milcheinschuss an. Ich bin mir nicht sicher, ob man zu Hause von alleine direkt an diese mechanische Option denken würde, aber im Krankenhaus fackeln sie nicht lange und ehe man sichs versieht, hängt deine Brust in einem Trichter aus Silikon und wird gemolken. Das sieht so was von unnatürlich und hässlich aus, dass ich nicht möchte, dass jemand meine Brust in diesem Zustand sieht. Aber nicht nur ich, sondern sehr viele Frauen auf der Welt sind krass dankbar, denn so können wir unserem Säugling von Anfang an Muttermilch geben, wenn das mit dem Stillen eben noch nicht ganz so klappen will.

Ich nutze die Pumpe nur ab und zu, kenne aber Mütter um mich herum, bei denen es anders ist. Eine Freundin hat das Pumpen-Game tatsächlich vier Monate, Tag und Nacht, durchgezogen. Wir haben also Insiderinformation aus erster Hand oder, besser gesagt, aus erster Brust. Sie erzählt Folgendes:

»Es ist schon crazy, bei all meinen Sorgen in der Schwangerschaft in Bezug auf die Geburt und das Muttersein kam mir nie der Gedanke, dass ich eventuell nicht in der Lage sein können würde, meinem Baby die Brust zu geben. Das habe ich mir immer total easy vorgestellt – klar, am Anfang hat man sicher starke Schmerzen und einen Milchstau wird es bestimmt auch mal geben. Aber that's it, oder? That's it leider nicht! Die Pumpe zieht schneller bei uns ein, als ich gucken kann, und wird plötzlich zum vierten Familienmitglied.

Aber mal von vorne, wir gehen mal zurück zum Anfang, ins Krankhaus, als alles begonnen hat. Kommt mal mit!

Irgendwie verpassen wir in den ersten 24 Stunden das Anlegen im Krankenhaus. Ich hatte einen Notkaiserschnitt und bin danach einfach völlig fertig mit der Welt und so furchtbar müde, dass ich einfach nur schlafen möchte. Und das mache ich dann auch. Mein Freund tut es mir nach und das frisch geborene Baby sowieso. Wir liegen da in unserem Familienzimmer, ich das Kind auf der Brust und wir pennen wie die Weltmeister. Herrlich war das! Bis dann am nächsten Tag die Krankenschwester reinkam und fragte, ob das Kind denn schon die Brust gefunden hätte und ordentlich am Saugen wäre. ›Ähm, es hatte gar keinen Hunger, es wollte nur schlafen!‹ Die sehr weit aufgerissenen Augen der Krankenschwester machten mir ziemlich deutlich klar, dass ich anscheinend etwas völlig Verrücktes gesagt haben muss ... sie stürmt aus dem Zimmer und kommt mit einem gelben Gerät mit Henkel und Schläuchen wieder rein. ›Sie müssen sofort pumpen! Jetzt!‹

Ich schäme mich ein wenig, weil ich anscheinend am ersten Tag als Mutter schon einen riesengroßen Fehler gemacht, nämlich vergessen habe, dass ein Neugeborenes dringend Milch braucht. Hat man das im Geburtsvorbereitungskurs gelernt? Kann mich nicht erinnern ... es bleibt aber auch gar keine Zeit, meine Gedanken großartig zu sortieren, denn jetzt habe ich einen Job! Und zwar pumpen, was das Zeug hält. Zum einen, um natürlich mein Baby zu ernähren, und zum anderen, um die Milchproduktion anzuregen. Die Brust wird in rhythmischen Bewegungen vor, und zurückgezogen und das Vakuum, das entstanden ist, saugt so fest an der Brust, dass ich mir sicher bin, dass ich danach keine Nippel mehr haben werde. Und siehe da ... ich sehe einen Tropfen Milch. Ich bin stolz wie Oskar! Nach und nach bildet sich eine minikleine Pfütze in der Flasche, die mit den saugenden Trichtern verbunden ist. Nach 20 Minuten komme ich auf gerade mal 10 ml Milch. Irgendwie lachhaft! Wisst ihr, wie wenig 10 ml sind? Aber da ich noch keinen Milcheinschuss hatte, ist es wohl besser als nichts. Die Schwester zieht die Milch mit einer kleinen Spritze auf und träufelt es meinem Kind in den Mund. Ein bisschen Pre-Milch gibt es auch noch hinterher, schließlich verlieren Babys in den ersten Tagen ja immer an Gewicht und da müssen wir gegensteuern. Eine Nuckelflasche ist keine Option, wie mir erklärt wird, das würde nur zur Saugverwirrung führen und mein Baby hätte dann ziemlich sicher keine große Lust mehr auf meine Brust.

Die ersten fünf Tage im Krankenhaus sehen dann also so aus: Wecker stellen! Alle zwei Stunden wird das Baby angelegt und soll versuchen zu trinken. Macht es aber nicht, er rastet richtig aus an der Brust. Deshalb wird direkt im Anschluss wieder abgepumpt und die frische Milch anschließend verfüttert. Das ist unser Rhythmus; anlegen, hysterisch werden (meist nur das Baby, ab und zu auch ich), pumpen, Milch in eine Spritze aufziehen, Baby füttern. Das gleiche Spiel auch nachts. Alle zwei Stunden klingelt der Wecker und ich könnte heulen. Das Familienzimmer mussten wir mittlerweile, aufgrund von fehlenden Kapazitäten, aufgeben und ich bin auf mich alleine gestellt. Dabei sind die Schmerzen vom Kaiserschnitt aber noch so stark, dass ich damit alleine schon völlig bedient wäre. Aber nein, zusätzlich soll ich den Säugling dazu kriegen, aus meiner Brust zu trinken und gleichzeitig zu pumpen und zuzufüttern. Das ist in etwa so, als würde man ein Buch lesen und mit der anderen Hand noch eins schreiben, während man gefühlt ein Messer im Bauch hat. Überwältigendes Mutterglück? Nicht bei mir! Nicht an dieser Stelle.

Nach fünf Tagen dürfen wir endlich nach Hause und ich hoffe darauf, dass meine Hebamme uns das Stillen noch mal näherbringt und ich in den eigenen vier Wänden mehr Ruhe für all das haben werde. Am Tag der Heimreise explodieren meine Brüste. Hallo, Milcheinschuss! Danke, dass du aus meinen Brüsten viereckige Betonklötze gemacht hast.

Am nächsten Tag zeige ich meiner Hebamme das Problem und demonstriere seine kleinen Ausraster, wenn er die Brustwarze in den Mund nehmen soll. Immer wieder haut er seinen Kopf gegen die Brust und versucht erst gar nicht zu saugen. Ich werde wahnsinnig unentspannt und mein gesamter Oberkörper verkrampft sich. Kopf- und Nackenschmerzen inklusive. Also wird weitergepumpt. Die große gelbe Pumpe gibt es mit Rezept auch für zu Hause und sie bekommt einen Ehrenplatz neben dem Bett. Nach ein paar Tagen und weiteren verzweifelten Anlegeversuchen wird uns klar, dass die Pumpe bleiben wird. Jedes Mal beim Stillen zu scheitern und ein höchst unzufriedenes Kind in den Armen zu halten, schlägt mir sehr auf die Stimmung. Ich entscheide mich bewusst für die Pumpe und wir kaufen auch Nuckelflaschen, damit unser Sohn nun endlich richtig satt wird. Und siehe da, er trinkt wie ein Weltmeister, schläft richtig gut und alle sind happy. Endlich kann ich das Wochenbett und das Mamasein genießen.

Recht schnell werden uns außerdem die Vorteile des Abpumpens bewusst. Da ich anfänglich alle zwei Stunden pumpe, bekommt unser Baby auch alle zwei Stunden seine Mahlzeit (in der Nacht alle drei Stunden) und hat somit einen 1-a-Rhythmus. Stillen nach Bedarf gibt es in dem Fall nicht so wirklich, die Flaschen machen ihn ausreichend satt. Mittlerweile komme ich auch auf stolze 50–100 ml Milch pro Mahlzeit.

Zwei Wochen nach der Geburt habe ich Geburtstag und ich treffe mich mit ein paar Freunden ums Eck in einer Bar. Meine Eltern sind zu Besuch und passen auf das Baby auf. 2,5 Stunden nur für mich, eine Weinschorle und weg von den Sorgen im Krankenhaus. Ich bin danach wie beflügelt und erkenne die neuen Freiheiten, die die Pumpe mir schenkt. Natürlich gibt es auch Einschränkungen und nervigen Kram, z. B. können wir anfänglich nie länger als zwei bis drei Stunden unterwegs sein, weil zum einen das Baby frische Milch braucht und zum anderen meine Brüste kurz vorm Platzen sind. Also schnell nach Hause, ich pumpen, er füttern. Danach muss alles gesäubert und abgekocht werden. Man gewöhnt sich aber ja bekanntlich an alles und außerdem ist eh Winter und allzu lange hängen wir draußen nicht ab. Ich bin ja schließlich auch noch im Wochenbett. Nach einer Weile pumpe ich dann auch nur noch alle drei bis vier Stunden und produziere so viel Milch wie die beste Kuh im Stall. Einen Liter pro Tag. Ich kann gar nicht so viel essen, wie ich hungrig bin und schaufel richtig dolle rein. Ein Traum!

Ich genieße es auch sehr, dass mein Freund meistens unser Baby füttert und die beiden dadurch schnell eine tolle Bindung aufbauen, zumal er eh ein Jahr Elternzeit macht und ich nach drei Monaten wieder von zu Hause arbeite. Mittlerweile haben wir einen ordentlichen Vorrat an Milch eingefroren und ich muss nicht mehr zu jeder Mahlzeit vor Ort sein. So finde ich mich dann auch gerne mal über irgendeinem fremden Waschbecken wieder und streiche Milch aus meinen Brüsten. Mein Tiefpunkt ist eine McDonald's-Toilette auf einer Raststätte, nachdem wir im Stau standen und meine Brüste das Maximum erreicht hatten. Denn anders als beim Stillen gewöhnen die Brüste sich natürlich nicht an eine natürliche Milchproduktion. Angebot und Nachfrage werden hier künstlich erzeugt und ab und zu kommen meine Brüste wirklich an ihre Grenzen. Zum Beispiel das eine Mal, als ich morgens gegen sechs im Halbschlaf und im Halbdunkeln die Pumpe ansetze und anscheinend das falsche Programm starte ... starkes Ziehen, ungewohntes Gefühl, aber wird schon passen, denke ich. Als ich fertig bin, sehe ich, dass ich eine 20-Cent-Stück-große Blutblase direkt auf der Brustwarze sitzen habe. Das sind unangenehme Schmerzen und ich rufe sofort meine Hebamme an, die ein paar Stunden später die Blase vorsichtig mit einer kleinen Nadel öffnet. Nicht unbedingt der Höhepunkt meiner Pumperkarriere!

Nach vier Monaten sind wir dann auf Pre-Milch umgestiegen und das hat mich wahnsinnig Überwindung gekostet. Denn schließlich gibt man seinem Kind ja wohl nur das Beste vom Besten und das ist doch natürlich Muttermilch! Was sollen denn die anderen denken? Selbst meine Hebamme versucht mich zu überreden, dass ich doch weiterpumpe, denn es läuft doch so gut bei mir. Mein Körper sagt mir jedoch etwas anderes, ich bin fertig damit. Meine Brüste am Limit und außerdem verliere ich immer weiter an Gewicht und die Nächte machen mich fertig. Denn während mein Baby so gut wie durchschläft, klingelt mein Wecker weiterhin zum Pumpen. Ich bin fertig und stille ab!

Fazit: Wir können uns noch so gut auf die Schwangerschaft, die Geburt oder das Stillen vorbereiten, am Ende kommt es doch gerne mal anders als geplant. Ich wollte nie einen Kaiserschnitt oder vier Monate an der Pumpe hängen, aber rückblickend war es alles gar nicht so schlimm und wir haben unseren perfekten Weg damit gefunden. Wahrscheinlich ist das eh die beste Schule für ein Leben mit Kindern: flexibel bleiben, das Beste draus machen und nicht bereuen oder einem vorgefertigten Ideal hinterhertrauern. Das Pumpen hat uns viele Vorteile und mindestens genauso viele Nachteile gebracht. Es kam ungeplant und hat dann doch ziemlich gut in unseren Alltag gepasst. Ich musste mich des Öfteren erklären und rechtfertigen, oftmals aber einfach vor mir selbst. An schwachen Tagen habe ich mich über mich geärgert, dass ich nicht am Ball geblieben bin und das mit dem Stillen weiterprobiert habe. An den meisten Tagen fand ich mich ziemlich doll emanzipiert und habe es sehr genossen, die ersten Monate schon so frei zu sein. Macht euch keinen Druck, was richtig oder falsch ist. Und lasst euch nicht reinreden von Freundinnen, Hebammen oder sonst wem, die anscheinend besser wissen, was gut für euch ist als ihr selbst. Man ist wirklich sensibel beim ersten Kind und voller Unsicherheiten, da ist man wahnsinnig empfänglich für Ratschläge. Aber ihr wisst selbst am allerbesten, was für euch als Familie passt. Euer Bauchgefühl wird es euch schon sagen!«

Das Abstillen

Abstillen ist ein Prozess! Nicht nur das Baby muss ready sein. No! Die Mama muss auch ready sein. Und so war es: Ich war so was von ready. Mir hat Stillen keinen Spaß gemacht. Es war zwar sehr bequem. Dennoch: I'M READY!

Alle meine Freundinnen mit Babys waren auch ready. Wir haben uns in unserer WhatsApp-Mama-Chatgruppe übers Abstillen ausgetauscht und uns gegenseitig verunsichert. Je länger die anderen gestillt haben, umso mehr hat es mich verunsichert. Wie stillt man überhaupt ab? Platzen dann die Brüste irgendwann? Gibt man dem Baby danach Pre-Milch oder trinkt es dann nur noch Wasser? Ich habe panisch meine Hebamme angerufen, denn auch dafür ist die Hebamme da. Sie sagt, dass man bis zum ersten Geburtstag Pre-Milch geben muss. So lange brauchen die Kleinen die Milch.

Ich werde krank und darf eine Woche im Kinderzimmer schlafen. In der Zeit gibt mein Freund einfach Pre-Milch und ich streiche meine Brust unter der warmen Dusche aus. Das Abstillen läuft dadurch von ganz alleine.

Als ich die erste Flasche Pre-Milch gegeben habe, waren wir im Tierpark. Ich habe dabei richtig geheult, musste mich auf einer Parkbank verstecken, damit keiner sieht, wie ich beim Milchgeben weine. Das war so emotional. Ich ernähre jetzt mein Kind nicht mehr, ich kann es einfach nicht mehr. Ich fühle mich nicht schwach, sondern sehr stark.

Ich bin jetzt frei. Ich bin vogelfrei. Ich bin selbstbestimmt. Es beginnt eine neue Ära und ich habe GÄNSEHAUT beim Schreiben, weil das Gefühl so episch ist, dass ich es kaum in Worte fassen kann.

Das erste Mal Alkohol und wieso ein Kater mit Kind die Hölle auf Erden ist

Ich trinke gerne Wein. Sagte ich das vielleicht schon mehrfach? Ich bin richtig richtig gut darin. Egal ob weißen oder roten, der Wein und ich, wir haben ein Ding miteinander am Laufen. Es war Liebe auf den ersten Blick, könnte man sagen. Bier oder Longdrinks haben sicherlich in meiner Vergangenheit auch eine Rolle gespielt, aber langfristig konnte nur ein Getränk mein Herz für sich gewinnen. VINOOOO!

Deshalb kam es nicht selten vor, dass am Abend der ein oder andere Korken gelöst wurde und mit ihm auch meine eh schon sehr freizügige Zunge. Mal in der Runde mit Freunden, mal im Restaurant und richtig gerne abends zusammen mit meinem Freund. Ich würde nicht so weit gehen zu sagen, dass wir so was wie Weinkenner sind, aber ich weiß sehr genau, was mir schmeckt, und es gab einen kleinen Vorrat davon auch zu Hause.

Von heute auf morgen in der Schwangerschaft keinen Alkohol mehr zu trinken, ist mir natürlich absolut nicht schwergefallen. Eigentlich ist es so, als hätte es dieses Getränk nie gegeben. Dafür gehören nun also jegliche Arten von Saftschorlen ins neue Repertoire und ich lieb's. Sobald das Kind dann da ist und man theoretisch wieder trinken könnte, nimmt man eine Weinflasche auf dem Tisch schon wieder eher wahr. Aber halt nur theoretisch, weil ich schließlich anfänglich noch stille und ein Glas Wein immer noch keine Option ist. Nach ein paar Monaten nippe ich allerdings mal am Glas und es fällt mir wie Schuppen von den Augen. Der Geschmack löst Erinnerungen und Gefühle aus, die mich an mein altes Leben ohne Verpflichtungen erinnern. Die wilde Julia! Die zwar schon immer auch gerne zu Hause geblieben ist und ihr Ding gemacht hat, aber eben auch gerne mal in geselliger Runde das Glas gehoben hat. Was ist nur aus ihr geworden?

Kurz nach dem Abstillen feiert eine gute Freundin Geburtstag. Alle sind da! Es ist eine dieser wenigen Sommernächte, in denen man definitiv keine Jacke braucht und in denen alles möglich scheint. Wir sind ein riesiger Haufen toller Menschen. Mein Freund und Baby sind auch dabei, verabschieden sich aber irgendwann und ich kann mein Glück kaum fassen. Ich bin frei! Die ganze Nacht nur ich, meine Freunde und der Wein. Ich habe das Gefühl, alles ist möglich, Mutter sein und gleichzeitig die coole, lässige Julia von früher, die sich die Nacht um die Ohren schlägt. Ich fühle mich so lebendig wie schon lange nicht mehr und stoße auf das Leben an. Immer und immer wieder. Fuck, bin ich betrunken. Natürlich verträgt mein Körper nach dem fast zweijährigen Entzug nicht mehr ansatzweise so viel wie früher. Eigentlich sogar so wenig, dass ich ehrlich gesagt nicht mehr so genau weiß, wie ich nach Hause gekommen bin. Das Letzte was ich noch weiß, ist gemeinsames Pinkeln im Gebüsch, Lachen, Weinen, Sich-in-den-Armen-Liegen und vielleicht war da auch noch ein leuchtendes Taxi-Schild. Dann liege ich im Bett, das sich in dieser Nacht als Karussell entpuppt. Bevor ich in den Tiefschlaf falle, sehe ich noch eine Zahl auf dem Wecker ... 3:42 Uhr. Mit etwas Glück komme ich auf drei Stunden Schlaf. Ciao.

Ich glaube, ich brauche hier nicht erklären, wie sich ein Kater anfühlt, oder? Wenn du noch nie einen hattest, dann gratuliere ich dir ganz herzlich und hasse dich auch ein ganz klein bisschen. (Spaß!) (Oder vielleicht auch nicht ...)

Aber Kater mit Kind ist noch mal eine ganz andere Baustelle. Baustelle trifft es eigentlich ganz gut, zumindest was die Lautstärke und Intensität angeht. Denn wenn jeder Lichtstrahl und jedes kleine Geräusch dich innerlich zum Heulen bringen können, dann ist ein Kleinkind mit einem Xylofon, einer Rassel oder anderem lauten Spielzeug die Kirsche auf der Torte. Im besten Fall steht der*die Partner*in mit dem Kind auf, aber Hand aufs Herz, zwei Stunden mehr Schlaf helfen bei dem Deluxe-Kater auch nicht wirklich. Hier wird gelitten, und zwar den ganzen Tag. Da muss man sich wohl oder übel am Abend vorher schon drauf einstellen. Aber wie das ja immer so ist mit Sachen, die unglaublichen Spaß machen: In genau dem Moment, in dem sie fun pur sind, hat man die Konsequenzen längst vergessen. Genau so, wie wenn man Schokolade isst und es einem egal ist, dass man am nächsten Tag Pickel davon bekommt. Oder man zum Alkohol nicht mehr rauchen möchte, weil man weiß, dass der Kater dann zu einem Kater3000 anwächst, und man es trotzdem tut. Vielleicht ist das ja auch gut so, denn wenn wir uns immer aller Konsequenzen bewusst wären, dann hätten wir wahrscheinlich ziemlich wenig Spaß in unserem Leben. Allerdings ist das am Morgen danach schwer zu verstehen. Der Kopf brummt, der Magen grummelt, die Augen brennen und du weißt, dass du jetzt irgendwann dran bist mit Elternsein. Schließlich ist mein Freund ja schon mit dem Kind nach Hause gegangen und heute Morgen wieder aufgestanden. Ich bin jetzt dran ... okay, warte noch kurz ... gleich, hab' ich's ... 3, 2, 1 ... los?

Ich versuche mich also zusammenzureißen. Es ist jetzt zwölf Uhr mittags. Wenn alles glattläuft, dann liegt das Kind um 20 Uhr im Bett. Das heißt acht Stunden Arschbacken zusammenkneifen. Das muss ja wohl drin sein. Ist wie ein Arbeitstag. Ist ja nicht so, als wäre ich früher nicht auch schon mal verkatert arbeiten gegangen und das habe ich auch irgendwie acht Stunden überlebt. Zumindest war ich körperlich anwesend. Wie schwer kann also so ein Tag mit Kind sein?

Vielleicht könnt ihr es schon erahnen ... sehr schwer!

Wobei ich sagen muss, dass es verschiedene Phasen an solch einem Tag gibt. Ich versuche das mal für euch chronologisch aufzuschreiben.

Die Trotzphase: Ich wehre mich innerlich noch mit Händen und Füßen und möchte einfach jetzt nicht für einen anderen kleinen Menschen Verantwortung übernehmen und versuche im Kopf noch nach Ausreden zu suchen, während ich aber schon inmitten von Spielzeug sitze und meinem Schicksal ausgeliefert bin. Noch ziemlich wortkarg und mit Tränen in den Augen beobachte ich das Geschehen und kann auf mein Kind nur mit Nicken und Kopfschütteln reagieren. Bei der Vorstellung zu sprechen, wird mir schon wieder kotzübel.

Die Kleinkindphase: Dank Kaffee und Frühstück ist zumindest der Magen langsam wieder in Ordnung und ich werde albern. Das ist der Moment am Tag, an dem man noch mal so was wie ein kleines Hoch empfindet. Ich kann plötzlich über jeden Scheiß lachen und mein Kind findet mich mindestens genauso witzig wie ich mich selbst. Bestes Publikum! Diese – allerhöchstens – guten zwei Stunden muss man nutzen, um dem Kind ein gutes Gefühl zu geben. Guck, Mama ist am Start und spielt mit dir!

Die Emo-Phase: Wenn die Kräfte wieder schwinden, gehe ich am liebsten raus und schiebe den Kinderwagen wahllos durch die Gegend. Außerdem soll frische Luft ja auch helfen, um klarzukommen. Das ist dann meist die Phase, in der ich super emotional werde und mein Leben und meine Familie über alles liebe. Ich bin so wahnsinnig dankbar für alles und habe das Gefühl, dass mein altes und neues Leben kompatibel miteinander sind. Obwohl ich völlig am Arsch heute bin, hat mir der Abend gestern auch gezeigt, wie lebendig ich bin und das war wie Urlaub für die Seele. Urlaub vom Muddi-Ich. Super wichtig!

Die komplette Erschöpfungsphase: Von jetzt an geht es bergab! Wieder zu Hause angekommen, gibt es nur noch ein Ziel – das Kind ins Bett zu bekommen. Allerdings gibt es vorher noch die Endgegner Schlafanzuganziehen, Zähneputzen und mindestens drei Geschichten vorlesen. Das Vorlesen passiert nur noch im Zombie-Modus. Ich habe absolut keine Kraft mehr und mir fallen beim Lesen selber die Augen zu. Ich bin gleichzeitig verzweifelt und dankbar, dass der Tag sich dem Ende nähert. Das Ziel ist zum Greifen nah. Ich schwöre mir selbstverständlich, nie nie wieder zu trinken, bevor mein Kind nicht selber Teenager ist und bei Freunden schläft (und wahrscheinlich selber trinkt).

Fazit

Lohnt es sich als Mutter, ab und zu einen zu heben? JA und NEIN! Es ist die Hölle und der Himmel auf Erden. Ohne diese Abende, in großen Abständen, würde ich mich sehr viel weniger lebendig fühlen und ich würde mein altes Leben sehr doll vermissen. Es geht ja auch nicht so sehr um den Alkohol als darum, nicht nur Mutter zu sein. Momente ohne Verantwortung sind extrem wichtig für mich. Braucht man dafür unbedingt einen dicken Schädel? Ziemlich sicher nicht, aber manchmal kommt's halt eben, wie es kommen muss und wenn der Abend und der Moment zu schön sind, um wahr zu sein, dann solltet ihr es auch einfach genießen und am nächsten Tag erst mit den Konsequenzen leben. Einfach immer genau das machen, was sich richtig anfühlt.

Der eingewachsene Zehennagel – Super unchillig

Aus irgendeinem scheißverfluchten Kackgrund habe ich ein paar Wochen nach der Geburt einen eingewachsenen Zehennagel. Habe ich nach der Geburt größere Füße? Laufe ich nach vorne gebeugter? Ernähre ich mich zu zuckerlastig? Gibt es einen Zusammenhang mit dem Stillen? Oder ist es was Hormonelles? Ich habe keine Ahnung. Das sind Schmerzen, die kann man nicht beschreiben. Jede Bewegung tut weh. Sogar wenn die kuschelweiche und federweiche Bettdecke an meinen Zehennagel kommt, schreie ich auf. Als Teenagerin hatte ich schon mal eine OP am großen Zeh. Da wurde mir ein Stück vom großen Zeh rausgeschnitten und der Rest wurde wieder zusammengenäht. Das klingt genauso ekelhaft, wie es war. Ich muss dazusagen, dass ich mich schon immer beschissen ernähre. Weißbrot ist mein allerbester Freund. Hier wird nicht gegendert, denn das Weißbrot ist für mich ein alter weißer Mann. Wenn es länger liegt, wird es hart. Hä?

Ich glaube, dass es mit den Entzündungswerten in meinem Körper zusammenhängt. Zucker, Weißmehl, Alkohol und Schweinefleisch sind große Entzündungs-Fans. Sie feuern Entzündungen an wie in einem Fußballstadion. Seit der Geburt ernähre ich mich natürlich nur von Weißbrot, Nudeln und Keksen. Butterkekse sind, seit ich stille, meine größte Leidenschaft. Dicht gefolgt von Haferkeksen. Hmmmm, Haferkekse. Meine Hebamme sagt, dass es ein Nährstoffmangel sein könnte, aber keiner denkt an Diabetes oder so was. Ich suche also eine Hausärztin bei mir in der Gegend auf, damit ich nicht so weit weg vom Baby muss und es nicht so weit zu Fuß habe. Denn der Fuß tut so weh, ich kann nicht mal geschlossene Schuhe tragen. Ich laufe in Birkenstocks und Wollsocken zu der Hausärztin. Sie ist ca. 170 Jahre alt und eine richtige Omi. Sie macht mir erst mal vorab Vorwürfe, dass ich mein Kind nicht stillen soll, bis es in der Schule ist, denn sie hat das alles schon erlebt. Sie lästert über alle möglichen Schwangeren und Mütter, die sie jemals in ihrem Leben getroffen hat. Nur die Frau von ihrem Sohn macht alles richtig. Die ist perfekt. Ich fühle mich ab Sekunde 0 unwohl bei ihr. Denke aber, egal, die Scheiße mit dem Zeh bringe ich noch hinter mich. Ich wünschte, ich hätte da schon gewusst, wie lange die beschissene Behandlung dauert.

Sie rät mir von einer Operation ab, wo man ein Stück vom Zeh inklusive Nagel entfernt, da ich ja ein Baby zu Hause hätte und dann 14 Tage nicht laufen könne. Ich kenne die Operation aus meinen Teenagerzeiten und bin froh, dass sie das sagt. Ich erinnere mich nämlich an zwei sehr schmerzhafte Spritzen, die meine Zehen betäubt haben. Ich erinnere mich vor allem daran, weil die Pflegerin damals meinte: »Achtung, ich spritze sie jetzt zwei Mal in den großen Zeh, rechts und links, und das wird sehr wehtun.« Das war so ziemlich das Schlimmste, was man mir VORHER sagen konnte. Der Kopf hat sich auf Schmerzen eingestellt, also waren das auch Schmerzen. Schmerzen, die man niemals vergisst. Danke dafür noch mal!

Sie erklärt mir die andere Methode. Das »hat man früher gemacht und die haben heute alle noch ihre Zehen«. Ach, cool! Sie sagt, dass sie die Stelle einfach wegätzt und die Sache damit bald gegessen ist. Sie holt die Schwester zu Hilfe und legt los. Schmerzen aus der Hölle. Das tut so weh, das kann man sich einfach nicht vorstellen. Deshalb halte ich mich an der Liege und an der Schwester so fest, dass ich der Schwester fast den Arm breche. Danach schmiert mir die Ärztin noch eine Creme aus dem Zweiten Weltkrieg an die Stelle am Zeh, damit es schnell heilt. Ich soll in ein paar Tagen zur Kontrolle wiederkommen.

Am nächsten Tag tut der Zeh noch schlimmer weh. Das kann doch nicht normal sein. Also gehe ich wieder hin. Diesmal den linken Fuß im Birkenstock und den rechten barfuß. Gut, dass man in meinem Kiez gar nicht auffällt, wenn man nur mit einer Sandale unterwegs ist.

Also setze ich mich wieder ins Wartezimmer, lasse wieder mein frisches Stillbaby zu Hause und hoffe, dass es in dem Zeitraum keinen Hunger bekommt. Ich frage die Arzthelferin, ob ich schnell drankommen könnte, damit ich schnell wieder zu meinem Stillbaby kann. Aber sie sagt: »Hier hat jeder irgendein Problem, deshalb sind die Leute hier.«

Also gehe ich ins Wartezimmer und warte. Zwei volle Stunden. Meine Brüste spannen und sind kurz vorm Platzen. Ich stelle mir vor, wie sie wirklich platzen und das Wartezimmer voll mit Muttermilch ist. Alles vollgespritzt. Wie wenn die Sprühsahne explodiert. Und ich bin die Sprühsahne. »Frau Knörnschild, bitte.« Ja, danke!

Ich gehe ins Sprechzimmer und präsentiere meinen Zeh. Die Ärztin möchte wieder etwas wegätzen. Das macht mir richtig Angst, wenn ich an die Schmerzen von gestern denke. Die Arzthelferin kommt rein und hält mich fest, während die Ärztin wieder an meinem Nagel rumätzt. Ich schreie richtig laut und sage ihr, dass die Geburt nicht so schlimm war wie diese Behandlung. Die Ärztin versteht meinen Humor gar nicht und findet mich sichtlich scheiße. Sie sagt, dass ich morgen wiederkommen soll. Ich humpel heulend mit einem Schuh nach Hause. Mein Fuß pulsiert und pumpt und schmerzt. Ich will einfach nur, dass es vorbei ist.

So geht das sechs Wochen lang. SECHS! WOCHEN! Jeden Tag denke ich, dass es morgen besser oder vorbei ist. Doch in der Zeit wächst mein linker großer Zehennagel ein, dann mein zweiter Zehennagel auf beiden Seiten und hin und wieder auch der ganz kleine Zehennagel. Meine Füße sind richtig befallen von der Scheiße. Ich kann so froh sein, dass Sommer ist. Wie hätte ich das im Winter gemacht? Ich frage mich, wie ich das sechs Wochen aushalten konnte. Warum habe ich mich nicht gleich für die OP entschieden? Nach sechs Wochen habe ich dann die Ärztin gewechselt. Ich bin in eine Notfallrettungsstelle gegangen mit fünf eingewachsenen Zehennägeln. SECHS WOCHEN. FÜNF NÄGEL!? Die Ärztin dort hat mir erklärt, dass ich die Füße in Kamillenbad einweichen soll, um die Entzündung zu hemmen und die entzündete Stelle nach und nach mit den Daumen rausmassieren soll. Da schiebt man die geschwollene und entzündete Haut langsam vom Zeh weg. Von der Mitte zur Seite. Das habe ich tage-, nein wochenlang gemacht. Bis es wirklich irgendwann aufgehört hat. Ich weiß bis heute nicht, woher das kam. Ich sag immer, dass es etwas mit dem Stillen zu tun hatte.

Chillig durch die Nacht

Schlaf(los)

Es sollte Grußkarten für den Schlaf geben. Hä? Was? Na: nette Karten, die man an seinen Schlaf von früher schicken kann: »Hey, ich hab's dir früher vielleicht nie so richtig gesagt, aber auf dich konnte ich mich einfach immer verlassen. Du hast mir so viel Kraft gegeben und jetzt, wo du nicht mehr da bist, vermisse ich dich so sehr, dass es schon wehtut.« So oder so ähnlich denke ich nämlich jede Nacht an meinen perfekten Schlaf von früher zurück. Ich habe ja schon erzählt, ich konnte wirklich überall schlafen. Gib mir eine Ecke und ein Kissen und ich schlafe dir einen vor. Ach was, behalt das Kissen und ich schlafe trotzdem. Schlaf wird plötzlich so wichtig in meinem Leben (jetzt, wo er praktisch nicht mehr existiert), dass ich ihm hinterhertrauere wie einem perfekten Ex-Freund, den man einfach zu selbstverständlich genommen hat. Einer, der immer alles richtig gemacht hat, nett zu den Freunden war und die Tür aufgehalten hat. Mein Schlaf hat mich auf Händen getragen. Durch die Kindheit (gibt es ein schöneres Gefühl, als nachts im Auto zu schlafen, während man in den Urlaub fährt und leise das Radio läuft?), durch die Jugend (wie viel kann ein 16-jähriger Körper eigentlich schlafen?) und durch mein junges Erwachsenenalter (Party oder schlafen? Schlafen!). Im Nachhinein bereue ich es, dass ich dem Schlaf nie mehr gehuldigt habe, mich nicht jeden Morgen bei ihm bedankt habe für diese perfekte Nacht. Vielleicht hätte ich ihm kleine Geschenke machen sollen, eine Schlafmaske vielleicht oder heiße Milch mit Honig. Ob er dann wohl bei mir geblieben wäre?

Schlaf(los) in der Schwangerschaft – hier werden Blockbuster gedreht

Eigentlich beginnt das mit dem schwierigen Schlaf schon in der Schwangerschaft - man könnte also sagen, die Beziehungsprobleme mit dem »perfekten Ex« haben etwa zu dem Zeitpunkt begonnen. Plötzlich bin ich einfach nachts wach. Mal, weil ich dringend Pipi muss (oder zweimal oder fünfmal), mal, weil ich einfach nur versucht habe, mich von einer Seite auf die andere zu drehen. Eine Bewegung, die ich früher im Schlaf gemacht habe (Wortspiel!), wird plötzlich zum ultimativen Kraftakt. Es ähnelt schon fast einer Choreografie aus drehen, stöhnen, rollen, Stillkissen auf die andere Seite werfen, noch mal stöhnen und dann nicht mehr schlafen können. Denn sobald ich auch nur eine Millisekunde wach bin, geht das Kopfkino los. Der Film, der gezeigt wird, variiert mit den Schwangerschaftstrimestern. Zu Beginn sind es Blockbuster wie »Wo stellen wir das Babybett hin?« oder »Werden meine Freunde weiterhin mit mir abhängen, wenn ich ein Baby habe?«. Einige Monate später gibt's den Horrorklassiker »Blutige Geburt 1–4« und den Erotikthriller »Sexy Schwangere und der fremde Schöne«. Wow. Die Nächte sind wild. Mal mit Happy End, mal ohne.

Auf jeden Fall entfremden der perfekte Ex (falls hier jemand nicht mehr folgen kann, die Rede ist immer noch vom Schlaf) und ich uns in diesen neun Monaten und ich lerne jemand Neues kennen: die Müdigkeit. Schlaue Bücher erzählen mir, dass es eine Art Vorbereitung sein soll, auf die Zeit nach der Geburt. Also, dass der Körper jetzt schon mal trainiert für den Schlafentzug, der dann kommen wird. Wie bescheuert ist das denn? Wäre belohnen in dem Fall nicht sehr viel hilfreicher als bestrafen? Check ich nicht. Genauso wenig wie die Leute, die einem ständig sagen, dass ich, bevor das Baby auf die Welt kommt, noch ganz viel Schlaf vorholen soll. Super Tip, danke für nichts!

Da ich nachts nicht schlafen kann, versuche ich tagsüber zu schlafen. Was schwierig ist, wenn man einen Job hat. Ich hatte zu dem Zeitpunkt einen und ich sag mal so, die Toilettengänge wurden sehr, seeehr in die Länge gezogen. Hey, ich habe doch gesagt, dass ich überall schlafen kann. Überall!

Am Ende der Schwangerschaft bin ich so müde, dass ich sogar während der Geburt immer wieder einschlafe und die Hebammen mich wecken müssen. Was wollen die denn von mir? Kann eine gebärende Frau nicht mal in Ruhe ein

Nickerchen halten? Na gut, dann presse ich halt weiter und schlafe, wenn das Baby da ist …

Schlaf(los) mit Säugling – die Foltermethode des 21. Jahrhunderts

Die ersten Tage nach der Geburt mit Baby verschwimmen irgendwie. Tag und Nacht sind wurscht und wir alle dösen regelmäßig weg und gleichzeitig bin ich durch die ganzen Hormone super wach und klar. Irgendwie ist alles zu aufregend, um es zu verschlafen. Hat es gerade etwa die kleine süße Hand bewegt? War das ein Schluckauf? Haben wir jetzt etwa kein Video von dem ersten Schluckauf gemacht?

Und gleichzeitig muss ich mein Baby ja eh alle paar Stunden anlegen und zum Trinken animieren und irgendwie am Start sein. Die erste Zeit ist das also alles irgendwie okay machbar, als hätte mir jemand Speed in den Stilltee getan. Drei Tage wach. Wie damals beim Feiern. Fühlt sich nicht wirklich geil an, aber irgendwie geht's weiter. Und dann ganz langsam, so nach etwa 8–12 Wochen, fängt es an zu kippen und die Nächte werden zur Foltermethode. Kennst du dieses Gefühl, wenn du im Tiefschlaf bist und es plötzlich an der Tür klingelt? Der Moment, in dem man nicht mehr weiß, wer man ist, wo man ist, das Herz zu doll pocht und der ganze Körper wehtut vor Müdigkeit? So sind die Nächte mit einem Neugeborenen. Nur dass es nicht ein Mal pro Nacht an der Tür klingelt, sondern eine Gruppe Jugendlicher richtig doll Klingelmäuschen spielen will und dich alle zwei Stunden weckt. Aua. Mein Freund und ich sind also offiziell im Zombie-Modus angekommen.

»Hereinspaziert, hereinspaziert, meine Damen und Herren. Wir präsentieren die größten Augenringe, die Sie je an einem lebendigen Menschen gesehen haben. Der menschliche Augenring und ihr Mann.«

Das Gemeine an Schlaf mit Kind ist, dass man nie weiß, was man bekommt. Die eine Nacht kann der absolute Horror gewesen sein und in der nächsten Nacht schläft unser Baby plötzlich acht Stunden am Stück durch. Darüber bin ich dann natürlich so erschrocken, dass ich mehrmals in der Nacht meine Hand auf die kleine Brust lege, um zu checken, ob hier geatmet wird. Baby schläft, ich nicht. Jackpot. Aber hey, wir haben jetzt also ein Kind, das acht Stunden am Stück schläft, wie geil ist das bitte? Für die nächste Nacht kann ich mich also komplett locker machen, ich freue mich aufs Durchschlafen – eine Nacht wie früher. Spoiler alert: Die Augenringe nehmen neue Dimensionen an!

Das Baby schläft natürlich nicht mehr durch, wird aber jetzt nicht mehr alle zwei Stunden wach, sondern ... surprise ... jede Stunde. Jede fucking Stunde. Was das mit einem macht, ist schwer in Worte zu fassen. Hauptsächlich macht es müde, sehr empfindlich und streitlustig. Ich fange an, jedes Wort auf die Goldwaage zu legen, höre in jedem Satz einen Vorwurf und ich bin aber selber alles andere als feinfühlig. Meist bin ich so müde, dass ich keine ganzen Sätze mehr sprechen kann, sondern nur Ansagen im Befehlston gebe. »Wir brauchen neue Windeln!« – »Ich habe Hunger!« – »Räum das weg!«

Sexy, oder?

Schlaf(los) mit Baby – der Game changer

Nach drei Monaten mit Baby und wenig Schlaf werde ich plötzlich krank. Zumindest denke ich das. Ich habe schlimme Krämpfe im Unterleib und kann kaum stehen. Nach einem kurzen Besuch bei meiner Frauenärztin fahre ich auf ihren Rat hin ins Krankenhaus. Ich erzähle dort von meinen wehenartigen Schmerzen und was soll ich sagen ... ich bekomme zum ersten Mal wieder meine Tage. Ob das peinlich war, dass ich wegen meines Zyklus ins Krankenhaus gefahren bin, willst du wissen? Kaum.

Die ganze Aktion hat aber auch etwas Gutes. In der Nacht, in der ich weg bin und im Krankenhaus abhänge, gibt mein Freund unserem Sohn die Flasche und ich schlafe zum ersten Mal seit drei Monaten – in weißer gestärkter Bettwäsche – wieder durch. Diese Nacht ist besser als jedes 5-Sterne-Hotel. Ich bin ein neuer Mensch. Bye, bye Augenringe, hello, Lebensgeister!

Mir ist sofort klar: das will ich auch für zu Hause! Und so beginnen wir uns jede Nacht abzuwechseln und getrennt zu schlafen. Ich weiß, was du jetzt denkst. Ging mir nämlich vor dem Kind genauso. Wieso sollten wir denn in getrennten Räumen schlafen? Das macht doch keinen Sinn und ist furchtbar unromantisch. Trust me, wenn ihr irgendwie überleben wollt und mehr als ein Zimmer zur Verfügung habt, dann ist das die Lösung für alles. Und ganz ehrlich, ihr seid abends eh zu müde, um noch großartig zu kuscheln, geschweige denn Sex zu haben, also legt euch gefälligst aufs Sofa und schlaft. Schlaft! SCHLAFT! Sorry fürs Schreien, aber für mich ist der Schlaf einfach das Allerwichtigste. Ohne ihn geht gar nichts. Ich spreche aus Erfahrung.

Die Milch bekommt unser Baby in den Papa-Nächten aus der Flasche, mal abgepumpte Muttermilch, mal fertige Pre-Milch. Hier gibt es einfach keine Regeln und jede Mutter und jeder Vater muss für sich wissen, was sich gut anfühlt. Eure Hebamme wird vielleicht etwas anderes sagen, aber hey, lasst euch nicht unter Druck setzen und hört auf euer Bauchgefühl. Und auf eure Augenringe.

Mit diesem neuen Rhythmus fahren wir also erst mal ziemlich gut und jeden Abend, an dem ich mich auf dem Sofa ausquartiere, empfinde ich einen Mix aus Vorfreude und Mitleid für meinen Freund. Okay, ich bin ehrlich, die Vorfreude siegt. Vor den Nächten, in denen ich ranmuss, jammere ich abends gerne mal rum. Dabei habe ich das Stillen in der Nacht für mich so perfektioniert, dass ich das Baby nur noch ranziehe, die Brust raushole, es andocke und weiterschlafe. Wie oft das passiert pro Nacht, weiß ich nicht. Auf die Uhr gucke ich schon lange nicht mehr. Irgendwann ist es morgens und ich darf mich noch mal umdrehen. Das ist nämlich das Gute an der Nachtschicht, der Morgen gehört mir.

Kurz vor dem ersten Geburtstag fängt unser Baby dann aber doch an, im eigenen Bett zu schlafen. Mit Babyphone an der Seite, das ich ungefähr alle drei Sekunden panisch checke. Dann gewöhne ich mich daran und gehe sogar hier und da mal abends raus. So richtig Bock habe ich aber gar nicht. Ich bin viel lieber zu Hause, esse alles, was mir in die Hände kommt, und gucke Serien bis zum Umfallen. Schließlich habe ich jetzt die perfekte Ausrede für all das – ein Baby!

Schlaf(los) mit Baby – Fazit

Zum Thema Schlaf gibt es so viele Möglichkeiten und somit absolut kein Richtig oder Falsch. Einige holen sich Hilfe durch eine Schlafberatung, wieder andere schwören auf das 10-Tage-System, manche können sich ein Leben ohne Familienbett nicht vorstellen und bei vielen klappt es, dass das Baby von Tag eins an alleine im Beistellbett schläft und kaum Ärger macht. Literatur gibt es zu alldem ohne Ende. Probiert das aus, was sich für euch richtig anfühlt und hört nicht darauf, was andere sagen. Und egal, wie steinig der Weg auch sein wird, ich kann euch versprechen, irgendwann wird es besser. Sogar so gut, dass man sich gar nicht mehr vorstellen kann, dass es mal anders war. Der perfekte Ex ist zurück. Wir haben uns ausgesprochen, noch mal alles geklärt und jetzt leben wir (hoffentlich) glücklich bis an unser Lebensende. The End!

Stopp, nicht so schnell. Natürlich gibt es noch die Nächte mit Schüben, Fieber, Erkältungen, Schüben, Durchfall, plötzlich auftretendem Krupphusten (inklusive Notaufnahme), Nachtschreck, Schüben und vieles mehr. Du hast doch nicht wirklich geglaubt, dass es so einfach ist, oder?

Einpinkeln – der Beckenboden mit dem gewissen Oho

Ich liebe es, übers Pinkeln zu reden. Wer mich gut kennt, weiß, dass ich sofort lospinkle, wenn mein Körper mit Wasser in Berührung kommt. Ich gehe nur in einen See, um zu pinkeln. Ich laufe bis zur Hüfte ins Wasser und behaupte dann, dass mir das Wasser zu kalt ist. Bester Trick. Aber das ist natürlich nicht alles. Triggerwarnung: Ich pinkle überall rein. Ich pinkle in den Pool, in die Badewanne und in die Dusche. Und Leute, das spart Wasser. Das ist gut für die Umwelt. Pinkeln fürs Klima! Das alles mache ich aber nicht einfach so, nein. Das habe ich mir jahrelang antrainiert. Denn ich bin eine Einpinklerin. Ich habe eine gestörte Blase. Die meldet sich nur, wenn sie SOFORT AUF DIE TOILETTE MUSS. ABER WIRKLICH SOFORT! Und diesen Service kann ich meiner Blase leider nicht in jeder Situation bieten, nein. Deshalb musste ich mir angewöhnen, überall hinzupinkeln. Ich wurde regelrecht zu einer Wildpinklerin. Ich genieße es sogar richtig, draußen zu pinkeln. Ob zwischen die Autos oder im Wald. Ich pinkle lieber draußen als auf einer Toilette. Ich habe nämlich die Angewohnheit, mich auf jede Toilette richtig zu setzen – wie hier und da schon erwähnt. Ich habe mich schon so oft in fremde Pisse gesetzt und irgendwann wurde es mir egal. Es kann sein, dass ich gerade fremdes Pipi an meinem Oberschenkel habe und ich habe kein Problem damit.

Was ich damit aber eigentlich sagen will, ist, dass man sich genau diese Attitüde nach der Geburt angewöhnen sollte. Denn der Beckenboden wird geöffnet wie die Büchse der Pandora. Was ich hier und jetzt wirklich jeder Person mit Uterus ans Herz legen möchte ist: BITTE MACH RÜCKBILDUNG. Das ist nicht nur für deinen gegenwärtigen Beckenboden wichtig, sondern auch für die Bauchmuskeln, die sich während der Schwangerschaft zur Seite geschoben haben, um mal einen kleinen Urlaub zu machen. Es gibt sicher noch viel krassere Fakten, warum ihr Rückbildung machen solltet, aber hier und jetzt geht es ums

Einpinkeln. Auch der Beckenboden hat quasi Urlaub gemacht und kam neu erfunden zurück. Er war in Australien surfen und trägt jetzt 'ne coole Haifischzahnkette und Dreads. Du erkennst ihn nicht wieder, denn er tut Dinge, die du vorher nicht von ihm kanntest. Der Trampolintest wird es beweisen. Einfach mal eine Runde auf dem Trampolin hüpfen und merken: »HUCH, da kommt ja unten was raus, obwohl ich gar nicht pinkeln musste.« Deshalb folgende Regeln: Versuch, entspannt damit zu sein, trag immer eine Periodenunterhose, die erfüllt auch hier ihren Zweck sehr sinnvoll und sprich offen mit Freund*innen darüber. Alles ist besser, wenn man drüber spricht. Das ist wirklich der Schlüssel zum Glück.

Das große Zufüttern – Chillig durch die Beikostzeit

I can show you the world ...

Das Thema Zufüttern ist ein ganz eigenes Kapitel. Also nicht nur in diesem Buch, sondern auch im Leben. »A whole new wooooorld!«, wie Aladin singen würde, oder war es Jasmin? Und gibt es eigentlich einen noch schöneren Disney-Song? Ich habe den als Kind immer mega laut gesungen. Okay, ich singe den heute noch laut. Okay, ich singe den auch gerade laut. Okay, ich komme vom Thema ab. (Also mir fällt kein schöneres Lied ein!) Konzentrier dich, Julia!

Kurz bevor es losgeht mit dem Zufüttern, werde ich ein bisschen emotional. Hier bricht eine neue Ära an, mein Kind ist jetzt also nicht mehr nur Säugling und wird durch meine Brust ernährt, es darf jetzt Gemüse essen. Wie ein erwachsener Mensch mit Seniorenwindeln an.

Es fühlt sich an, als wäre er bald in der Pubertät und kurz davor, von zu Hause auszuziehen. Es wird also dramatisch im Hause Knörnschild und erst mal bereite ich mich natürlich richtig gut vor auf das Event. Es werden die passenden Löffel und abwaschbaren Lätzchen gekauft. Außerdem ein Beikostrezeptbuch für die Inspiration. (Hier wird nichts dem Zufall überlassen.) Und natürlich machen sich jede Menge Bio-Karotten auf den Weg vom Bio-Markt in unseren Kühlschrank. Ich bin bereit, mein Baby auch. Glaube ich zumindest. Wenn wir essen, möchte er alles anfassen und am liebsten selber im Mund haben. Das Interesse ist da und sitzen kann er mittlerweile auch alleine. Ich weiß nicht, ob das immer so war, aber man sagt wohl, dass das Zufüttern erst dann sinnvoll ist, wenn die Babys selber sitzen und somit auch besser schlucken können. Aber wie immer gibt es hier unterschiedliche Meinungen und am besten sprecht ihr mit eurer Hebamme darüber. Denn das Thema Beikost ist eine Wissenschaft für sich. Und ja, man kann seine Hebamme auch für Beikostfragen noch mal anhauen. Das ist auch Teil der Hebammenarbeit.

Es gibt Frühstücksbrei, Nachmittagsbrei, Abendbrei. Das eine mischst du mit Wasser an, das andere mit Milch. Ich habe das ehrlich gesagt nie gecheckt und ständig vergessen, wann jetzt was reinkommt. Es steht und fällt natürlich zu Beginn alles mit der Karotte, dicht gefolgt von der Pastinake, die Süßkartoffel und der Kürbis sind natürlich ebenfalls beliebt, irgendwas soll man eher nicht, weil schwer verdaulich. War es der Brokkoli? Auf jeden Fall gehören immer ein paar Tropfen Leinöl rein, damit der kleine Babydarm die Nährstoffe besser aufnehmen kann. Es gibt extra Breikocher, die einem das Leben erleichtern sollen. Ein Pürierstab oder Mixer tun es aber auch. Natürlich kann man auch einfach in die Drogerie oder den Bio-Markt gehen und Gläschen kaufen. Auch völlig okay. Alles ist okay. Auch hier gibt's wie so oft kein Richtig oder Falsch. Tatsächlich sind Gläschen für unterwegs sehr praktisch. Ich selbst habe die Gläschen immer mega gerne leer gegessen, habe mir ein bisschen Salz darauf gestreut, Olivenöl dazu und fertig war mein Mittagessen. Außerdem sind die Obstbreie mit Hafer oder Zwieback ausgesprochen lecker, und der Abendbrei-Milchreis, hmmmmmm.

Ganz am Anfang der Beikostzeit war ich aber Team Selberkochen, wobei das Wort kochen hier ziemlich überbewertet wird. Schätzungsweise würde das auch ein blinder Affe schaffen. Meistens kaufen wir am Wochenende auf dem Markt einfach das, was gerade saisonal ist, gut aussieht und kompatibel mit dem Pürierstab ist. Das kommt dann alles in den Topf, wird weich gekocht (auch nicht zu weich, sonst sind die Vitamine weg. Ciao!) und anschließend wird's püriert und abgepackt. Beikost ist geil, Beikost macht fun und ist ein großer Schritt in Richtung Flexibilität, Freiheit und Aktien. Außerdem ist es natürlich voll spannend zu sehen, was deinem Kind schmeckt und was nicht und vor allem, wie es überhaupt auf echte Nahrung reagiert.

Mum Hacks:

- Hatte unterwegs gerne einfach immer eine Banane dabei (Banane geht immer!) und eine kleine Tupperdose mit ein paar Haferflocken drin. Dann einfach die Banane da reinmatschen und fertig ist der Nachmittagsbrei to go. Auch easy, wenn man, wie ich, super verpeilt ist, und die Banane zu Hause in der Küche hat liegen lassen. Denn in Großstädten gibt es an jeder Ecke einen Gemüseladen, in dem man einfach eine neue kaufen kann.
- Den gekochten Gemüsebrei einfach schon in kleinen Portionen einfrieren. Dafür gibt es super praktische kleine Döschen mit Deckel, die man auch wunderbar mitnehmen und dann unterwegs verfüttern kann, wenn sie aufgetaut sind.
- Geduld haben und rumprobieren. Es gibt zwar viele gute Ratschläge, wie und womit man beginnen soll, aber alle Kids sind halt unterschiedlich und manche mögen einfach partout keine Karotten. Dann ist es vielleicht am Ende der Kürbis, der richtig gut ankommt. Auch hier wieder auf das eigene Bauchgefühl hören, nicht zu dogmatisch handeln und lass dir nicht reinreden, außer du fragst gezielt nach Hilfe.
- Wenn dein Baby nicht so auf Gemüse steht, dann misch einfach noch ein bisschen Obst mit unter, damit es ein bisschen süßer wird, und schon hast du dein Kind ausgetrickst. Zucchini und Spinat zum Beispiel sind relativ geschmacksneutral.

- Wenn du dein Kind nicht vegetarisch oder vegan fütterst, dann braucht es 2- bis 3-mal die Woche ein bisschen Fleisch im Brei. Fleisch habe ich immer lieber im Bio-Gläschen gekauft, statt es selber zu kochen. Davon ein paar Löffel unter den frisch gekochten Brei – et voilà, dein Baby hat ein Fünf-Sterne-Gericht auf dem Teller! Bon appétit.

Chillig durchs 1. Jahr mit Kind

»Wart's mal ab« – Ratschläge von Freund*innen und Familie und wie man plötzlich selber zum Klugscheißer wird

Ich bin ein großer Fan von gut gemeinten Ratschlägen. Ganz besonders, wenn sich diese Ratschläge NICHT AN MICH, sondern an andere richten. Wenn ich Fragen habe, melde ich mich einfach, danke! Einfach so drauflosklugscheißen ist nicht so mein Ding. Kommt man aber als Eltern nicht mehr drumherum. Denn ab der Millisekunde, in der du schwanger bist, bist du eine Art lebendige Zielscheibe für Besserwisser*innen, sämtliche Arten von Geburtsgeschichten und ... Plötzlich ist jede*r Mutter, Vater, Hebamme und Supernanny. Und selbst, wenn dein Gegenüber gar keine Kinder hat, egal, es hat, definitiv eine beste Freundin, die gerade ein Kind bekommen hat und möchte auch noch gerne ein bisschen Senf dazugeben. So 'ne richtig schöne

Ladung Senf, wie auf einem fränkischen Brötchen mit Wienerle. Klar, meint niemand böse, alle sind super sweet, haben aber trotzdem ein unglaubliches Mitteilungsbedürfnis. Du kannst also versuchen, dich zu ducken, zu winden und zu verstecken, aber du bist und bleibst eine Zielscheibe – die spitzen Pfeile werden dich treffen. Mal treffen sie dich weniger doll oder prallen sogar ab, andere wiederum erwischen dich mit voller Wucht und können sogar kleine Narben hinterlassen. Es macht also durchaus Sinn, sich vorab eine Exit-Strategie zu überlegen. Das können zum Beispiel Sätze sein, die als Schutzschild dienen und dir somit eine Art Superpower verleihen. Das habe ich leider viel zu spät gecheckt, dass ich so eine Superpower brauche. Dafür habe ich aber einen anderen Tipp beherzigt, den ich irgendwo aufgeschnappt habe und der, wie ich finde, immer noch Gold wert ist. Jetzt kommt's: Such dir zwei Vorbilder/Freundinnen raus, von denen du denkst, dass sie richtig geile Mütter sind, die dich inspirieren im Umgang mit den Kindern, oder ihre Beziehung voll im Griff haben oder trotz der neuen Rolle komplett in sich ruhen und das auch ausstrahlen. Rolemodels vom Allerfeinsten! Und diese beiden Mütter sind die einzigen, auf die du hörst, wenn du Fragen hast oder Ratschläge brauchst. Alles andere wird ausgeblendet. Das hat bei mir krass gut funktioniert und meine beiden Beispiel-Muddis sind immer noch super wichtig, wenn es mal wieder hakt. Es darf natürlich auch die eigene Mutter oder Schwiegermutter sein oder bei wem man sich sonst noch extrem gut aufgehoben und beraten fühlt.

Ich habe hier für euch trotzdem noch mal meine persönlichen Top 14 der unnötigsten Sprüche in der Schwangerschaft aufgeschrieben:

1. *Wie lange hast du noch? Der Bauch ist aber schon grooo*ß*!*
2. *Guck mal, da kommt sie angerollt!*
3. *Darf ich den Bauch mal anfassen?*
4. *Du siehst aber müde aus!*
5. *Du musst jetzt noch ganz viel Schlaf vorholen, nach der Geburt ist es vorbei mit Schlafen!*
6. *Der Bauch ist spitz, dann wird es ein Junge.*
7. *Geht noch mal ins Kino!*
8. *Du siehst aber ganz schön blass aus, nimmst du keine Eisentabletten?*
9. *Du hast ja voll den Glow – dann wird es sicher ein Mädchen!*
10. *Darfst du das essen?*
11. *Du isst ja jetzt für zwei.*
12. *Und da ist wirklich nur eins drin?*
13. *Mädchen rauben Müttern die Schönheit.*
14. *Das erste Kind? Ein Kind ist kein Kind.*

Und der wichtigste Punkt von allen:

Wenn ihr den ET der Schwangeren kennt, dann nervt sie um den Geburtstermin herum nicht jeden Tag. Fragt nicht ständig, ob es schon losgegangen ist. Das machen eh schon alle anderen ständig.

Und wer jetzt denkt, hey, die Sprüche packe ich auch immer aus, wenn ich eine Schwangere sehe, dann ist das natürlich halb so wild. Es ist nie zu spät, damit aufzuhören. Außerdem sieht das sicher nicht jede Schwangere so eng wie ich. Ich war in der ersten Schwangerschaft einfach super unsicher damit und außerdem hat es mich irgendwann einfach krass gelangweilt, immer die gleichen Fragen zu beantworten. Also werdet kreativ!

Und ist das Baby dann da, geht's natürlich erst richtig los. »Lass das Kind bloß nicht bei euch im Bett schlafen, das bekommt ihr da nie wieder raus!«, »Das Baby muss auch mal schreien, sonst denkt es, es bekommt immer sofort seinen Willen!«, »Nur Muttermilch ist die einzige wahre Milch!«

Ich könnte ewig so weitermachen, aber hey, lasst euch selber überraschen!

»Hallo, mein Name ist Julia und ich bin eine Klugscheißerin!«

Ich hasse mich selber dafür, aber leider ist es wahr, irgendwann verwandelt man sich selber in genau diese Person, die ich gerade beschrieben habe. Du kannst nichts dagegen tun. Hast du »Stranger Things« gesehen? Es ist wie mit diesem völlig überdimensionierten Monster, das alles in sich einsaugt und dich mit dem Bösen infiziert, damit es Hilfe bekommt, noch mehr unschuldige Leute zu erwischen. In der echten Welt sind die »unschuldigen Leute« liebe, ahnungslose Schwangere und junge Mütter, die sich einfach ganz naiv auf ihren Nachwuchs freuen. Meine Beute sozusagen. Ich wurde von einem Übermonster zu einem kleinen Monster gemacht und warte darauf, dass ich angreifen kann. Ganz unauffällig – und natürlich nur lieb gemeint – verteile ich meine kleinen Ratschläge mit Windeln. Und wenn ich es doch mal schaffe, mir auf die Zunge zu beißen, dann sag ich zumindest ein leises »Wart's mal ab!« im Kopf.

»Wir wollen lieber auf einen Schnuller verzichten. Soll ja auch nicht so gut für Babys sein.«

Wart's mal ab!

»Mein Freund bleibt nach der Geburt zwei Wochen zu Hause, dann geht er wieder arbeiten. Ich komm schon allein zurecht mit der Kleinen.«

Wart's mal ab!

»Wir haben uns gegen Windeln entschieden und halten das Baby lieber ab.«

Wart's mal ab!

»Wir fangen schon früher mit Beikost an, der hat einfach so viel Hunger und ist mega weit für sein Alter.«

Wart's mal ab!

»Meine Brüste sind wie gemacht fürs Stillen. Was soll denn da nicht klappen?«

Wart's mal ab!

Das sind übrigens alles Sätze, die ich selbst gesagt habe. Ups. Keine Ahnung, wann mich das »Wart's mal ab«- Monster erwischt hat ... vielleicht so etwa nach dem ich ein Jahr Mutter war? Vielleicht auch schon früher. Keine Ahnung, was da plötzlich mit einem passiert. Warum man denkt, dass man sein Wissen mit den anderen teilen muss. Meint man es in den meisten Fällen lieb und nett, na sicher!

Fazit

Schützt euch selber oder ignoriert blöde Sprüche. Hier rein, da raus.

Aber noch wichtiger – nicht so viel nach links und rechts gucken. Vergleicht euch nicht ständig mit anderen Eltern, Familien, Müttern. Bleibt bei euch. Ihr seid cool und rockt das eh. Hört auf eure innere Stimme, eure Instinkte und euer Bauchgefühl, dann werdet ihr einen super Job machen. Und nur, weil etwas für andere richtig gut funktioniert hat, heißt das nicht, dass es für euch auch funktionieren muss. Aber genau das gilt halt eben auch umgekehrt. Nur weil für euch etwas richtig gut oder eben gar nicht funktioniert hat, muss das nicht bei allen anderen auch so sein. Fragt dich eine Freundin um Rat, dann go for it! Fragt sie nicht, dann Klappe halten. Ist ungefähr so, als würde man ständig das Outfit der Freunde bewerten, ohne dass man gefragt wird. Hat niemand hier Bock drauf.

Vom schlafenden Baby zur Vollzeit-Animateurin

Ich habe viele Jobs in meinem Leben gemacht. Richtig viele. Einige davon waren cool, über andere möchte ich wirklich nicht sprechen. Was ich jedoch als Kind und Jugendliche immer werden wollte – Animateurin im Cluburlaub. Jap, ihr habt richtig gelesen! Ich fand die Mädels früher so krass cool, wie sie da schon von morgens an durch die Gegend gehüpft sind. Immer gut gelaunt! Sie konnten alle Lieder auswendig, konnten tanzen, performen, witzig sein und waren von der Sonne geküsst. Ich wollte genauso sein wie Lizzie, mit der ich in der Türkei den Ententanz getanzt, was sag ich … gelebt habe! Lizzie hatte wunderschöne Sommersprossen, die tollsten Locken und die coolsten bunten T-Shirts. Ganz klar, wenn ich groß wäre, würde ich auch wie Lizzie sein.

Dass der Job als Animateur ein richtiger pain in the ass ist, habe ich erst Jahre später bei einer Spiegel-TV-Reportage erfahren. Arbeit rund um die Uhr, kaum Schlaf, wenig Geld, kein Privatleben. HORROR! Lizzie, ich denk an dich und entschuldige mich nachträglich, dass mein zwölfjähriges Ich den ganzen Tag, drei Wochen lang, nicht von deiner Seite gewichen ist. Lizzie, du bist und bleibst meine Heldin!

Ich wollte also partout keine Animateurin mehr werden. Niemals. Spielt aber leider keine Rolle, was ich will, denn: wenn du Mutter bist, entscheidet halt dein Kind, was du machst. Zumindest in den Monaten sechs bis zwölf. Was soll ich sagen? Ich bin ’ne Animateurin! Zwar beschränkt sich mein Publikum auf eine Person, aber die will’s wirklich wissen und fordert mich von früh bis spät. Und eh ich mich versehe, fühle ich mich wie Lizzie, nur ohne Sonne, sondern bei grauem Himmel und Nieselregen.

Den Morgen beginnen wir mit einer Reihe erfundener Lieder und Babygymnastik. Hauptsächlich werden dabei Hände bewegt (meine!) und Füße (seine!). Mein Publikum ist leicht zu bespaßen und bezahlt mich mit herzhaftem Lachen und fröhlichen Lauten. So weit, so gut. Nächster Punkt auf dem Tagesprogramm: der Spielbogen. Mit etwas Glück spielt er damit auch mal zehn Minuten alleine und ich kann unauffällig mein Handy benutzen und Erwachsenenkram machen. Ist aber alles natürlich viel lustiger, wenn Mama halb mit unterm Spielbogen liegt und zeigt, wie es geht und Geschichten dazu erzählt. Nach dem Spielbogen habe ich Küchendienst und darf irgendeine Art von Brei kochen, während Baby daneben sitzt und eine Küchenschublade ausräumt. Was damals im Türkeiurlaub die überdimensional großen Mensch-ärgere-dich-nicht-Figuren waren, mit denen wir gespielt haben, sind halt hier die Tupperdosen, die von A nach B geschoben werden.

Nach dem Essen? Klar, irgendwas mit Bällen. Hin- und herrollen, in den Mund nehmen oder weinen, weil sie zu weit weggerollt sind. Also nicht ich, sondern das Baby. Ich laufe hinterher und sammle die Bälle wieder ein. So wie Lizzie damals. Was darf in keinem Cluburlaub fehlen? Genau, Wassergymnastik – wir gehen in die Badewanne und spielen dort weiter. Wasser von einem Gefäß ins andere schütten und wieder von vorne. Kill me now. Danach noch mal einen Snack, ist natürlich auch all inclusive hier und Baby darf 24/7 ans Buffet. Und am Abend, zum krönenden Abschluss, natürlich die Mini-Disco. Im Urlaub das absolute Highlight. Da habe ich mein schönstes Minnie-Maus-T-Shirt übergezogen und meine krassesten Moves ausgepackt. Ich durfte Cola trinken und bis 22 Uhr aufbleiben. Es war der Urlaub meines Lebens.

Tatsächlich ist unsere Mini-Disco zu Hause gar nicht soooo anders. Ich trage auch ein T-Shirt. Statt Minnie Maus eines mit Essensresten und ein bisschen Kotze drauf. Ich trinke Cola, damit ich nicht im Stehen einschlafe, und liege trotzdem um 22 Uhr im Bett. Neben »Es tanzt ein Bi-Ba-Butzemann in unserm Kreis herum, fidebum« laufen Hits wie »Fuchs, du hast die Gans gestohlen« und »Summ, summm, summm, Bienchen, summm herum«. Wenn wir richtig crazy drauf sind, machen wir sogar eine kleine Discokugel an – fürs Feeling. Ich sag euch, mein Leben ist eine einzige Party!

Zum Ende des ersten Jahres wird also mehr als deutlich: Das Kind muss in die Kita! Ich kann nicht mehr 24 Stunden am Tag Animateurin sein und drehe langsam, aber sicher durch. Treffe ich Freund*innen mal alleine, ohne Kind, weiß ich fast gar nicht mehr, wie man normale Gespräche führt. Ich kann nur noch Sätze wie »Stop, nein, nicht da anfassen, das ist heiß!«. Wenn ich einkaufen gehe, habe ich Ohrwürmer, von den oben genannten »Hits«. Während ich dusche, überlege ich mir neue »Spiele« fürs Kind, um es kurz zu beschäftigen und nicht danach die Wohnung renovieren zu müssen. Wie machen Eltern das, die ihre Kinder erst mit drei Jahren in die Kita schicken? Ihr seid krass. Ich habe den größten Respekt vor euch. Ich bin mir ziemlich sicher, dass mein IQ im ersten Jahr nach der Geburt um 20 Prozent gesunken ist. Immerhin kann ich es jetzt aufs Kind schieben. Früher war ich einfach nur blöd.

Nie mehr allein – Ciao, Privatsphäre

Wahrscheinlich habt ihr schon gemerkt, dass ich im Herzen ein Drinnie bin. Also jemand, der richtig gerne zu Hause ist, es chillig mag und andere Leute nicht ständig um mich herum haben kann. Man könnte sogar sagen, dass ich ab und zu anti-social bin. Würde man nicht meinen, wenn man mich kennt, aber ich möchte am liebsten komplett die Kontrolle darüber haben, wann ich wen treffe. Spontane Begegnungen auf der Straße machen mich fertig. Ich bin wie Kevin allein zu Hause – die beste Zeit habe ich mit mir alleine. Das ist mit einem Baby natürlich nicht mehr ganz so einfach. Und wenn ich »ganz so einfach« schreibe, dann meine ich quasi unmöglich. Die ersten zwölf Monate lebst du wie ein siamesischer Zwilling. Dir klebt ständig jemand an der Brust, am Arm, auf dir drauf und später dann am Bein. Hauptsächlich natürlich nachts, aber auch tagsüber dann in der Trage – aus zwei Menschen wird einer. Natürlich ist da auch noch mein Freund, der dafür sorgt, dass ich auch mal mein Ding machen kann, aber trotzdem fühlt es sich oft so an, als hätte ich die letzten fünf Tage nicht eine Minute mit mir alleine gehabt. Und wenn ich dann mal »mein Ding« mache, dann ist das: duschen. Hmmm, duschen. Ganz in Ruhe duschen! Leute, wie geil ist bitte duschen? Was früher das Selbstverständlichste auf der Welt war, fühlt sich jetzt an wie ein Tag im Spa. Einschäumen, rasieren, kleine Kopfmassage … bitte lass mich für immer hier unter dem heißen Wasserstrahl stehen und sprich mich nicht an. Ich lebe jetzt hier. Das Bad ist gefühlt der einzige Zufluchtsort. Babyfreie Zone. Überlege mir sogar, extra einen Türsteher zu organisieren, der draußen vor der Badezimmertür steht und den Kopf schüttelt, sobald ein Baby versucht durch die Tür zu kommen. Das wird die härteste Tür Deutschlands. (Sorry, Berghain!)

Doch irgendwie scheint mein Baby den Türsteher zu kennen oder auf der Gästeliste zu stehen, denn mein Wellnessbereich wird mit dem Krabbelalter plötzlich offiziell zum Spielplatz. Hier scheint alles auf einmal sehr spannend zu sein, vor allem Mama unter der Dusche anstarren. Na ja, gut, mit einem Auge aufs Kind, in dem anderen Schaum wird in Rekordzeit geduscht. Nur das Nötigste. Haarkur und Rasierer sind nur Deko am Duschrand und kommen mit meinem Körper nicht in Berührung. Dafür finde ich aber wunderschöne Überraschungen im Badezimmer verteilt, als ich nass und mit Shampoo-Resten im Haar aus der Dusche steige. Ohrstäbchen, Slipeinlagen und ein paar alte OBs liegen überall verteilt und mein Baby lacht mich voller Stolz an. Good job!

Toilettengänge alleine gibt es auch nicht mehr. Ich pinkle jetzt nur noch mit Zuschauer. Geschäft Nummer zwei ist allerdings gar nicht so einfach, wenn dir dabei jemand sehr interessiert am Fuß spielt oder mit einem Buch angekrabbelt kommt und das jetzt vorgelesen haben möchte. Probiert es aus, es klappt einfach nicht, wenn dir dabei jemand tief in die Augen guckt. No chance. Besonders lustig wird es dann aber ab etwa einem Jahr, wenn das Kind ziemlich sicher schon laufen kann und die Welt schon deutlich mehr versteht und diese aus mehr besteht als aus Mama, Papa und Milch.

So gerne ich also möchte, dass mein Kind mit Körpern jeglicher Art, also nackt, männlich, weiblich, dick, dünn, behaart, unbehaart in »Berührung« kommt und das alles das Natürlichste auf der Welt sein soll, habe ich ein großes Problem damit, dass er dabei sein möchte, wenn ich meinen Menstruationscup wechsle. Wie zum Geier soll ich einem Kleinkind erklären, warum Mama da gerade eine randvolle Tasse mit Blut aus ihrer Vagina zieht? Ich möchte kein lebendiger Horrorfilm für meinen Sohn sein. Ich sehe ihn schon 20 Jahre später beim Therapeuten sitzen, wie er wimmernd von »damals« erzählt, als er nur noch rot gesehen hat. Wir können das Gespräch also sehr gerne führen, wenn du zumindest vier oder fünf bist, aber gerade möchte ich einfach nicht, dass du das siehst. Aber nur, weil ich das nicht möchte, heißt das ja schließlich noch lange nicht, dass ich für diese wenigen Sekunden meine Privatsphäre im Bad habe. Ich haaaaaasse es, wenn das passiert und ich nicht aus der Nummer rauskomme, weil wir gerade alleine zu Hause sind und ich ja schließlich nicht einfach die Badezimmertür abschließen kann. Was hilft also? Na klar, Peppa Wutz. Peppa ist mein Bodyguard, mein Fels in der Brandung, mein Babysitter, BFF und was sonst noch alles mit dem Buchstaben »B« anfängt. Ohne sie könnten wir weder regelmäßig die Ohren sauber machen, die Fingernägel schneiden, die Haare stutzen und manchmal auch nicht die Zähne putzen. Klar, ich höre natürlich, wie Jesper Juul sich gerade im Grabe umdreht (RIP!) und mir eine Moralpredigt halten will, aber hey, wieso sich das Leben unnötig kompliziert machen. Und Jesper Juul hatte schließlich nicht seine Tage und weiß nicht, wie gerne man in Ruhe Hygieneartikel austauscht. Also, misch dich gefälligst nicht in meine Kindererziehung ein. Danke!

Kinderkrankheiten-Bingo

Bevor man ein Kind hat, kennt man ungefähr zwei Krankheiten, nämlich Husten-Schnupfen und Magen-Darm. Ab und zu vielleicht mal Kopfschmerzen, eventuell gibt's mal 'nen kleinen Zahnschmerz, aber im Großen und Ganzen war's das dann auch. (Ausgenommen natürlich wirklich schlimme Krankheiten.) Mit Kindern spielt sich das Krankheiten-Game aber noch mal auf einem ganz neuen Level ab. Wenn du vorher nur Tetris gespielt hast, dann spielst du jetzt Super Mario. Beim Tetrisspielen hast du einfach nur versucht Tag für Tag einigermaßen alles in die richtige Ordnung und dein Leben ins Gleichgewicht zu bringen, Dinge passend zu machen. Bei Super Mario weißt du nie, was dich in der nächsten Welt erwartet. Du musst schnell sein und Bonuspunkte sammeln, um diese dann an irgendeinen gemeinen Gegner aka Virus einzusetzen, damit du nicht stirbst. Alles prasselt auf dich ein und im Gegensatz zum Spiel kannst du im echten Leben nicht mal den Pauseknopf drücken.

Bleibst du im Frühling und Sommer vielleicht noch einigermaßen verschont, bekommst du im Herbst und Winter das volle Paket. Äh, Entschuldigung? Wer hat denn das Paket überhaupt bestellt? Kann ich das bitte wieder retournieren?

Kennt ihr Hand-Fuß-Mund? Nee? Kannte ich bis vor einem Jahr auch nicht.

Solltet ihr aber kennen! Wird bald euer ständiger Begleiter sein. Der Endgegner beim Super-Mario-Spielen. Darf ich vorstellen: die beliebteste und ansteckendste Kinderkrankheit innerhalb der Kita. Diese Krankheit ist keine gewöhnliche Krankheit ... hahaha, nein! Denn eine gewöhnliche Krankheit sucht sich eine Stelle am Körper und da nistet sie sich ein, wie zum Beispiel eine schöne Ohrenentzündung. Hier hat sich die Kinderkrankheit aber gedacht, wieso nur eine Stelle, wenn ich auch richtig Gas geben kann? Ich nehme mir gleich mal drei Körperteile, an denen ich ordentlich Party mache. (Ich bin mir ziemlich sicher, dass hier zur Entscheidung der Körperteile ein Zufallsprinzip entschieden haben muss, ein Würfel oder Schnick, Schnack, Schnuck – anders kann ich mir diese willkürliche Auswahl nicht erklären). Ich meine: Hand, Fuß und Mund? Oder ging es darum, etwas ganz weit oben am Körper, etwas in der Mitte und etwas ganz unten zu finden? Wer kommt denn auf so was?

Die Hand-Fuß-Mund-Krankheit (oder HFMK, wie wir Profis sagen) ist so was von ansteckend, dass selbst Lord Voldemort sich nicht traut, ihren Namen auszusprechen. Sie liebt den Sommer und den Herbst und Kinder zwischen zwei und sechs Jahren. Eltern können verschont bleiben, stecken sich aber gerne bei den eigenen Kindern an, und dann geht der Spaß erst richtig los. HFMK sind kleine rote Flecken und Bläschen, die mit Flüssigkeit gefüllt sind … hmmm, leckeeerrrr! Die Bläschen kommen in und an den Mund, die Flecken an Hände, Füße und wenn man richtig Glück hat, sogar ans Poloch. Um mal eben das Ausmaß der Krankheit aufzuzeigen: In Ländern wie Malaysia, Taiwan und Japan brechen immer wieder Epidemien aus, bei denen Hunderttausende von Menschen sich mit der Hand-Fuß-Mund-Krankheit infizieren. Da kann Corona beinahe einpacken. Es bleibt aber nicht nur bei dem Ausschlag, sondern schon Tage vorher treten meist folgende Symptome auf:

- Halsschmerzen
- eventuell Schwindel, Abgeschlagenheit

- Gliederschmerzen
- Übelkeit
- Kopfschmerzen
- Appetitlosigkeit
- Fieber
- manchmal Bindehautentzündung

Einige Kinder stecken das alles easy weg, andere leiden leider ziemlich doll, zumal das Ganze sich gerne über 7–10 Tage strecken kann. Absoluter Super-Mum-Lifehack: Wassereis! Die Kids wollen oft in dieser Zeit nicht essen oder trinken, weil das Schlucken wehtut. Sie brauchen aber genügend Flüssigkeit. Das Wassereis kühlt den empfindlichen Mund, lenkt ab und man bekommt Flüssigkeit in das Kind. Außerdem ist man der absolute Hero, weil das Kind denkt: Geil, Mama gibt mir Eis! Sie ist die Beste!

Thank me later.

Was haben wir sonst noch im Angebot? Keuchhusten, Scharlach, Drei-Tage-Fieber und natürlich Läuse. Davon sind wir bis jetzt (toi, toi, toi) noch verschont geblieben, aber ich warte eigentlich täglich darauf, dass der Anruf aus der Kita kommt. Solange ich warte, spiele ich gerne mal eine Partie BINGO – die KRANKHEITEN EDITION. Könnt ihr euch gerne fotografieren und mit euren Muddi-Friends oder in der Kita teilen. Wer pro Saison die Karte als Erste vollhat, bekommt eine Flasche Crémant. Prost!

BINGO

Kinderkrankheiten-Edition

HAND-FUSS-MUND	KEUCH-HUSTEN	RS-VIRUS
SCHARLACH	DREI-TAGE-FIEBER	CORONA
MAGEN-DARM-VIRUS	LÄUSE	GRIPPALER INFEKT

Chillig auch nach dem ersten Geburtstag

Der erste Geburtstag

Hey, wir wissen alle, für wen der erste Geburtstag am wichtigsten ist: für die Mama. In den Wochen vor dem ersten Geburtstag lässt man die Zeit vor der Geburt Revue passieren. Wie bei der großen Chartshow auf RTL. Dank meines Instagram-Archivs kann ich wirklich jeden einzelnen Tag vor der Geburt noch mal verinnerlichen. Ich halte also täglich meinem Freund mein Handy ins Gesicht und sage Dinge wie »Schau mal, das war sieben Tage vor der Geburt. Da waren wir am Stechlinsee in Brandenburg, krass oder?« So krass wie ich fand er es not. Diese Gefühle habe nur ich. Das ist so eine krasse emotionale Reise und diese Reise ist nach dem ersten Geburtstag einfach vorbei.

Der erste Geburtstag bedeutet nicht nur, dass das erste eigene Kind Geburtstag hat. Nein, es bedeutet auch, dass das erste Babyjahr vorbei ist. Das Baby ist jetzt offiziell ein Kleinkind und so fühlt es sich auch an. Das Baby läuft und zeigt auf Sachen und sagt »Da«. Hallo? Es ist ein richtiger Mensch. Mehr gibt mein Wortschatz auch nicht her. Das Kleinkind isst jetzt auch richtiges Menschenessen. Es ist ein Menschenkind. Es muss keinen Babybrei mehr essen. Er isst jetzt Rührei mit Kartoffeln. Mehr Mensch geht nicht. Außerdem hat er seinen ersten Kuchen mit echtem Zucker probiert. Das hat sich zwar komisch angefühlt, aber das beweist: Er ist ein Mensch. Kein Baby.

Das Kind ist in die Kita eingewöhnt. Das bedeutet so viel Freiheit und Me-Time und Arbeitszeit. Ich habe mich so krass weiterentwickelt in diesem Jahr. Ich habe mich nicht nur verändert, ich bin ein komplett neuer Mensch. Die Person, die ich vor der Schwangerschaft war, gibt es jetzt nicht mehr.

Die schlimmsten Tage und Stunden aus dem ersten Jahr sind komplett vergessen. Die schlaflosen Nächte. Zu dieser Zeit habe ich mich tagsüber einfach nur dumm gefühlt. Schlaflosigkeit macht unglaublich dumm. Ich habe ein Jahr lang ganz viel Babytagebuch geschrieben. Damit man in die guten und in die schlechten Zeiten zurückreisen kann. Das kann man nicht in Gedanken. Das muss man festhalten. Diese Zeilen zu lesen ist so krass. Man spürt richtig, wie schwach und am Ende man an so vielen Tagen war. Und wie stolz über jeden kleinen Meilenstein. Das erste Lächeln, das erste Mal Tränenflüssigkeit produzieren, das erste Mal nach meinen Fingern greifen, das erste Mal drehen. Und die großen Meilensteine wie robben, sich hochziehen, krabbeln, laufen und die ersten Wörter. Diese Meilensteine gibt es jetzt so nicht mehr. Jetzt öffnet sich ein neues Kapitel, eine ganz neue Phase, ein ganz anderes Gefühl und eine ganz andere Beziehung. Es fühlt sich ein bisschen so an, als hätte man das Baby abgegeben und durch ein Kleinkind getauscht. Wenn ich mir Fotos von meinem Baby angucke, sehe ich da einen anderen Menschen als dieses unglaublich tolle Kleinkind. Es ist mein Kind. Mein eigenes Kind. Mein Fleisch und mein Blut. Und ich bin unglaublich stolz, dass ich das Jahr geschafft habe.

Das Leben mit Baby ist crazy. Noch nie war ein Jahr in meinem Leben gleichzeitig so lang und eben genauso schnell vorbei. Es gab Tage, die haben sich gezogen wie ein Hubba Bubba aus meiner Kindheit und mehr als einmal dachte ich, ich drehe durch. Andere Wochen hingegen flogen nur so vorbei.

Dass wir jetzt wirklich einen Geburtstag feiern, ist so unreal, dass ich es eigentlich gar nicht fassen kann, als es so weit ist. Bis auf die Stunde genau weiß ich, was ich 365 Tage vorher gemacht habe und spiele die letzten Tage kurz vor der Geburt immer wieder durch ... Den Blasensprung, die ersten Wehen, meine letzte Mahlzeit, die ich zu Hause gegessen habe, mein letztes Telefonat. Kurz gesagt: Der erste Geburtstag macht aus jeder Mutter einen richtig dollen Emo. Gott sei Dank nicht die Art von Emo wie in den 2000ern, als alle ihre Haare völlig übertrieben mit Seitenscheitel im Gesicht hängen hatten. (Ich inklusive!) Der erste Geburtstag mit Windeln an macht einfach wahnsinnig emotional und wirbelt die Gefühle noch mal richtig durcheinander. Es ist ein Mix aus »Puh, geschafft!« (schließlich sagen ja immer alle, das erste Jahr sei das anstrengendste), aus ein bisschen Wehmut, aus Stolz und mega viel Liebe natürlich. Der erste Geburtstag ist also ein riesen Ding! Ziemlich sicher mehr für die Eltern und die Familie als für das Kind selber. Oder erinnert ihr euch noch an euren ersten Geburtstag?

Endlich kann man also pastellige Girlanden kaufen und kleine süße Deko, die man in Babymuffins stecken kann, die eigentlich nur aus Banane und Haferflocken bestehen und NATÜRLICH ohne Zucker sind. Es werden Luftballons aufgeblasen und Geschenke ausgepackt, die das Kind selber, ohne Hilfe, noch gar nicht auspacken kann. Alles in allem ist es ein kleiner Zirkus, den wir Eltern da veranstalten, der ein bisschen übertrieben ist, aber wahnsinnig viel Spaß macht. Immerhin habe ich keine Torte für viel zu viel Geld bestellt, die sich perfekt in meinen Insta-Feed einfügt und mir richtig viele Likes beschert. Immerhin.

Die Kita-Eingewöhnung – Hello, altes Leben!

Nach dem ersten Geburtstag ist man wirklich eine komplett neue Mutter. Man hat jetzt kein klitzekleines Baby mehr, sondern ist eine super routinierte Mutter, die schließlich seit zwölf Monaten schon einen richtig guten Job macht. Wenn es sich um einen Tanz- oder einen Sprachkurs handeln würde, dann wäre ich jetzt nicht mehr bei den Anfängern, sondern bei den Fortgeschrittenen. Ich bin eine Mutter mit Erfahrung, ich schiebe mit einer Hand den Kinderwagen und mit der anderen schreibe ich eine Nachricht auf dem Handy. Und die Rede ist nicht von einer Sprachnotiz ... pfffff ... bin doch kein Anfänger. Passend zu diesem neuen Abschnitt als Mutter fängt jetzt auch eine super aufregende Zeit an, nämlich die Kita- Eingewöhnung. Ich bin so aufgeregt, als würde ich selber noch mal irgendwo eingewöhnt werden. Es fühlt sich an wie der erste Schultag, nur ohne Schultüte. Mein Kind weiß natürlich noch nicht, was es erwartet, aber ich schon. FREIHEIT!

Oder um es in den Worten von Marius Müller-Westernhagen zu sagen; »Freiheit, Freiheeiiiiiit – ist das Einzige, was zählt.« Wir wissen schließlich alle, dass er über die Kita-Eingewöhnung singt. Über was auch sonst!?

Okay, nach dem ersten Kennenlernen in der Kita wird mir klar, dass die Freiheit noch ein ganz klein wenig auf sich warten lassen wird. Aber sie ist immerhin zum Greifen nah. Sehr nah.

So nah, dass ich es jetzt wirklich kaum noch abwarten kann. Es gibt ja viele Mütter und Eltern, die sich richtig schwer damit tun, ihre Kinder in die Betreuung zu geben. Ich gehöre definitiv nicht dazu. Zum einen finde ich es für das Kind super wichtig, mit gleichaltrigen Kids zu spielen und soziale Strukturen zu lernen, zum anderen freue ich mich sehr auf meine neuen, alten sozialen Strukturen. Ich möchte auch gerne vormittags mal wieder eine Freundin allein treffen, Besorgungen ohne Kinderwagen erledigen, beim Friseur sitzen, ohne auf die Uhr zu gucken oder einfach mal zu Hause richtig doll abchillen. Und vor allem auch wieder arbeiten gehen. Das habe ich zwar schon immer mal wieder von zu Hause gemacht, aber jetzt soll's wieder richtig losgehen. Muddi will Kohle verdienen.

Das erste Jahr war krass schön, ich hab's voll genossen. Aber jetzt, wo der neue Abschnitt für uns als Familie ansteht, merke ich, wie sehr ich das brauche und dass ich nicht mehr abwarten kann. So wie wenn man arbeitet,

arbeitet, arbeitet und eigentlich alles geil ist und ab dem Moment, wo man weiß, dass Urlaub vor der Tür steht, zieht sich der Job gerade wie Kaugummi und macht plötzlich nur noch halb so viel Spaß. So fühle ich mich gerade. Ich brauche dringend eine Veränderung im Alltag. Und mein Sohn auch. Das merke ich. Er kann meine Fresse – so glaube ich – auch nicht 24/7 sehen.

Für alle, die sich mit Kita-Eingewöhnung nicht auskennen: Man sitzt auf sehr kleinen Stühlen und beobachtet sein Kind dabei, wie es andere Kinder beim Spielen beobachtet oder Spielzeug aus irgendwelchen Kisten holt. Es ist ungefähr das Süßeste, was man sich vorstellen kann, weil man das Kind plötzlich aus einer anderen Perspektive sieht und man vor Stolz fast platzt. Hat er etwa gerade das andere Kind wirklich angelacht und »Da-da« gesagt? Sitzt er ohne zu fremdeln auf dem Schoß der Erzieherin und hört sich eine Geschichte an? Klatscht er gerade mit, während die anderen singen?

Es fällt mir richtig schwer, da stillschweigend auf dem Miniaturstuhl zu sitzen und so zu tun, als wär nichts, während DAS HIER passiert. Ich möchte am liebsten ständig zu ihm laufen und ihn abknutschen und ihm sagen, dass er das tollste Kind der Welt ist. Ich befürchte aber, dass ich bei den Erziehern dann sehr schnell als Helikoptermutter abgestempelt werden würde und beiße mir buchstäblich auf die Lippen. Nach einer halben Stunde dürfen/müssen wir schon wieder gehen. Genauso wie am nächsten und am übernächsten Tag. Für einen so ungeduldigen Menschen, wie ich es bin, geht das alles viel zu langsam und ich weiß aber natürlich gleichzeitig, dass es so genau richtig ist. Nach den ersten Tagen kann ich den Raum verlassen und hole mir einen Kaffee ums Eck. Trinken, warten, trinken, warten, Handy checken. Das ist also Kita-Eingewöhnung. Als ich wiederkomme, glaube ich nicht, dass er gemerkt hat, dass ich überhaupt weg war. Wir schlagen uns beide also ziemlich gut.

Woche zwei: Ich habe zwei Stunden für mich alleine und bin so aufgeregt, dass ich alles auf einmal machen möchte – Sport, Kuchen essen, zur Maniküre gehen, Freunde treffen, Party machen, Heroin rauchen ... Ich gehe einkaufen und dann etwas für die Steuer kopieren. Ich bin ein wildes Ding!

Ab Mitte der zweiten Woche fängt mein Sohn an, mit den anderen zusammen zu Mittag zu essen. Bei der Vorstellung, wie er da mit denen sitzt und über Gott und die Welt spricht, werd ich dann doch ein bisschen sentimental. Als ich dann beim Abholen seine Klamotten sehe, weiß ich, dass er beim Essen wohl hauptsächlich damit beschäftigt war, es in den Haaren und auf der Kleidung zu verteilen. Das ist mein Junge!

Woche drei: Der Mittagsschlaf wird ins tägliche Ritual mit aufgenommen und ich zweifle jetzt schon sehr daran, wie zwei wildfremde Erzieherinnen es schaffen wollen, meinen Sohn zum Einschlafen zu bekommen. Schließlich kennen sie doch gar nicht unser super persönliches Ritual aus Singen, Spieluhr und Wiegeschritt. Selbst bei Papa ist der Mittagsschlaf deutlich schwieriger, als wenn ich ihn hinlege. Wie zum Teufel soll er also in einer komplett neuen Umgebung zur Ruhe finden?

»Dein Sohn ist nach zwei Minuten eingeschlafen und hat anderthalb Stunden tief und fest geschlafen!«

Ich fühle mich verarscht und verraten. Danke, dass du mir

zwölf Monate vorgemacht hast, du bräuchtest mindestens 30 Minuten zum Einschlafen. Werd ich mir merken, kommt alles auf die »Ich hoffe, das bekommst du von deinen Kindern zurück«-Liste!

Nach den drei Wochen sind wir durch mit der Eingewöhnung und haben offiziell ein Kita-Kind. Dieser kleine Mensch, der vor einem Jahr noch in meinem Bauch gewohnt hat, hat jetzt also einen Teilzeitjob, zu dem er jeden Morgen von 9 bis 14 Uhr geht, um dort wichtige Dinge zu erledigen. Und ich? Ich heule vor Freude und Wehmut und hab fünf Stunden pro Tag mein Leben zurück.

Neue Freundschaften oder warum ich mich wieder wie in der 1. Klasse fühle

Hand aufs Herz, wer liebt nicht High-School-Filme aus den Neunzigern und Zweitausendern? Irgendein nicht ganz so cooles Mädchen vom Dorf kommt in die fancy Großstadt und ist DIE NEUE an der Schule. Erst wird sie von allen nur schräg angeguckt, dann irgendwann darf sie am Tisch der richtig coolen Kids sitzen und simsalabim wird sie umgestylt und ist plötzlich das hotteste und beliebteste Girl der kompletten High School. So oder so ähnlich ist die Handlung all dieser US-Trashy-Movies und ich liiiiebe es. Zum einen, weil ich mich noch so gut an die eigene Schulzeit erinnern kann (war natürlich immer cool, klar!), zum anderen, weil ich mich noch mal richtig doll in das Feeling einfühlen kann, wenn man in den schönsten Jungen der Schule verliebt ist und für ein paar Stunden bin ich einfach noch mal Julia, 16, aus Süddeutschland und schreibe den ganzen Tag Jungsnamen in mein Tagebuch und suche mir cute Outfits für die nächste Party aus meinem Kleiderschrank.

Warum ich hier einen Schwank aus meiner Jugend erzähle, wollt ihr wissen?

Ganz einfach, weil es sich so auch ein bisschen anfühlt, wenn man DIE NEUE in der Kita ist und Ausschau nach anderen potenziell coolen Müttern hält.

Wenn man plötzlich schwanger ist und vielleicht sogar die Erste im Freundeskreis, dann kann es ja schnell mal dazu kommen, dass man sich ein bisschen außen vor oder auch einsam fühlt. Ich sehe plötzlich nur noch schwangere Frauen zusammen Kaffee trinken oder Freundinnen gemeinsam Kinderwagen schieben. Ob sie wirklich Freundinnen sind, weiß ich natürlich nicht, aber meistens sehen sie so perfekt aufeinander abgestimmt aus, dass hier definitiv irgendeine Form von Freundinnenliebe im Spiel sein muss. Selbstverständlich will ich das auch ... und zwar sofort!

Als ich erfahren habe, dass ich schwanger bin, wusste ich von einer alten Freundin, dass sie auch schwanger ist. Das hat sich quasi rumgesprochen. Also habe ich ihr geschrieben und sie zu ihrer Schwangerschaft befragt. Sie hat den Braten sofort gerochen und mich unauffällig gefragt, wie es mir geht. Ich musste ihr natürlich sofort mitteilen, dass ich schwanger bin. Egal, wie gut man sich kennt, eine Schwangerschaft verbindet so krass.

Wir hatten uns zwar aus den Augen verloren, aber dadurch sofort wiedergefunden. Wir haben uns jeden Tag über alles ausgetauscht. Einige Wochen später wurden zwei weitere Freundinnen schwanger, also haben wir direkt eine Muddi-WhatsApp-Gruppe gegründet, in der wir uns täglich über alles ausgetauscht und immer Fotos und Updates geschickt haben, wenn wir bei unseren Kontrolluntersuchungen waren. Aber auch, als die Babys dann da waren. Wir haben regelmäßig die Größe, das Gewicht und alle Baby-Skill-Updates in die Gruppe geschickt. Das wird uns auf ewig verbinden. Wir kennen diese vier Baby Boys, seit sie im Bauch waren. Das werden wir ihnen sicher immer sagen, wenn sie erwachsen sind: »Ich kenne dich schon, seit du auf der Welt bist.« Ich werde eine von diesen Tanten aus der Kindheit. Klar. Aber zurück zum Wesentlichen:

Dass ich vor dem ersten Kita-Tag also nervös war, wie oben erwähnt, hat nicht nur damit zu tun, dass mein Sohn plötzlich erwachsen geworden ist und sein eigenes Leben führt, sondern auch damit, die NEUE in der Kita zu sein. Was ziehe ich nur an am ersten Tag? Muss ich vorher noch mal zum Augenbrauen zupfen und Wimpern färben? Ist es merkwürdig, dass ich an diesem Tag sogar den passenden BH zum Höschen getragen habe? Ey, man weiß schließlich nie, was einem an so einem Eingewöhnungstag alles passieren kann ... Als die NEUE möchte man dann ja auch nicht nur einen guten Eindruck vor den anderen Eltern machen, sondern natürlich auch vor den Erzieher*innen. Ich möchte, dass die mich mögen! Ach, was erzähl ich denn da ... lieben sollen sie mich! Sie sollen sich jeden Morgen freuen, mich zu sehen, mich nie anstrengend oder kompliziert finden. Mit ein bisschen Glück und Verstand gehe ich dort als absolute Lieblingsmutter raus, über die man in zehn Jahren noch sprechen wird. Falls ihr euch also wundert, ob ich mir großen Druck wegen der ganzen Sache gemacht habe ... kaum. Minimal.

Ich versuche also immer (auch sehr früh morgens, mit sehr kleinen Augen), die Erzieher*innen zum Lachen zu bringen. Dann haben sie schon mal ein gutes Gefühl und können mich ja gar nicht doof finden. Außerdem möchte ich natürlich zeigen, dass ich mich an alle Regeln halte und mein Sohn und ich ein super Verhältnis haben. Aber zu sehr Helikopter möchte ich natürlich auch nicht rüberkommen. Hier geht es um Nuancen, alles eine Frage der Balance.

Meine Einschätzung nach den drei Wochen Eingewöhnung: Jackpot! Wir mögen uns.

Jetzt bleiben also noch die anderen Eltern. Den ersten Small Talk gab es schon an der Garderobe. Kurzes Vorstellen, bisschen schnacken, gemeinsames Lachen.

Läuft bis jetzt. Ich finde alle nett. Aber wer hat das Potenzial, eine richtige Freundin zu werden? Mit wem möchte ich nach der Kita auch privat abhängen und über die anderen Kita-Eltern lästern? (Spaß!)

Ich erfahre über Umwege, dass sich einige Eltern gerne samstags auf dem Markt um die Ecke treffen, um dort anschließend mit Kaffee und Quarkbällchen auf dem Spielplatz zu chillen. Genau das Richtige für mich! Hier kann ich Gas geben und die anderen Mütter in ihrem natürlichen Habitat betrachten.

Es ist Samstag!

1. Spielplatz-Outfit – check! Kaffee-to-go-Becher – check! (Schließlich sollen ja alle sehen, dass uns Mutter Erde auch am Herzen liegt.)
2. Handy-Umhängekette-Gedöns – check! (Ohne kannste deinen Marktwert bei uns im Kiez sonst gleich vergessen.)

3. Wechselklamotten fürs Kind – check! (Wäre ja doof, wenn wir plötzlich nach Hause müssen, weil Hose nass und ich dann den halben Spaß verpasse.)
4. Snacks für die Kids – check! (Immer gut, den anderen Kindern auch etwas anzubieten und so vielleicht noch leichter ins Gespräch zu kommen.)
5. Feuchttücher und Taschentücher – check! (Auch damit macht man einen super Eindruck, wenn man aushelfen kann und alles am Start hat.)
6. Seifenblasen. (Mein Ass im Ärmel! Falls die Stimmung total kippt. »Hey, guckt mal ... ich bin voll die Fun Mum, hab immer was Cooles zum Spielen dabei!«)

Die Seifenblasen sind in meiner Tasche ausgelaufen. Mega!

Macht aber nichts, der Vormittag ist ein voller Erfolg. Anfänglich fühlt es sich wirklich an wie damals auf dem Schulhof. Man weiß erst mal nicht, wo man stehen soll und klinkt sich völlig random in irgendein Gespräch ein. Ziemlich bald merke ich dann aber, wem ich gerne zuhören mag und von wem ich direkt gelangweilt bin. Pausenclown Julia ist auch am Start und ich ziehe meine kleine persönliche Show ab. Ich bin kurz davor, anschließend mit einem Hut rumzugehen und ein paar Euros einzusammeln. Ich habe einen Lauf an dem Tag. Muss ja niemand wissen, wie anstrengend die Performance für mich ist und dass ich nach dem Ausflug erst mal einen Mittagsschlaf brauche. Ich bin mir also schon recht sicher, dass die coolen Kids ... äh, die anderen Eltern mich in ihren inner circle aufgenommen haben. Und das ganze ohne Seifenblasen und Feuchttücher. Jetzt fehlt halt nur noch die neue beste Kita-Freundin, die für mich mitschreibt, falls ich mal krank sein sollte.

Aber jetzt mal ganz im Ernst, kommt mal ganz nah ran und hört mir zu. Macht euch gar keinen Stress wegen neuer Eltern-Kind-Freundschaften, die kommen echt schneller in euer Leben, als man Flaschenvaporisator sagen kann. Es wird immer mal Momente geben in der Schwangerschaft oder im ersten Jahr, in denen man sich einsam fühlt und missverstanden von den langjährigen Freunden, aber das ist völlig normal. Ich habe früher echt nicht auf jeder Hochzeit getanzt, aber plötzlich kommt es einem so vor, als ob es viel mehr Hochzeiten gibt als je zuvor. Und warum wollen sich plötzlich alle nur noch um 21 Uhr abends zum Essen treffen, wenn ich mit Baby schon im Bett liege? Vieles werden die alten Freunde nicht verstehen und dafür kommen neue dazu, die genau für solche Events perfekt sind. Freunde, mit denen man in Cafés abhängt, in denen es eine Kinderspielecke gibt, Abendessen werden so geplant, dass die Kids anschließend pünktlich im Bett liegen. Und irgendwie ist es auch gut, dass die neuen Freunde die ganzen Babythemen abdecken, denn so kann man die »alten« Freunde ganz entspannt treffen und muss die nicht mit langweiligen Themen wie »Mein Kind will sein Spielzeug nicht teilen« nerven. Hier finden Gespräche aus dem echten Leben statt und es fühlt sich alles an wie früher. Herrlich.

Chillig durch die Partnerschaft

Das ewige Aufrechnen

Natürlich war mir klar, dass sich unsere Beziehung mit Kind verändern wird. Selbst, wenn man von selber nicht draufkommen würde, erzählt es dir eh jeder (ungefragt!) in der Schwangerschaft. »Ihr werdet als Paar kaum noch Zeit füreinander haben!«, »Wir sind nur noch ein Team, aber kein Liebespaar mehr.«, »Sex? Was ist Sex?«.

Die Prognosen waren also eher so mittelgeil und trotzdem dachte ich natürlich insgeheim ... pffffff ... kann uns doch nicht passieren, wir sind das chilligste Paar aller Zeiten, was soll uns denn aus der Bahn werfen? Tatsache ist: Es wirft alle aus der Bahn! Die einen trifft es härter, die anderen kriegen noch mal die Kurve. Jedes Paar hat sein Trigger-Thema. Auch wenn nach außen hin alles tippitoppi wirkt. Bei den einen ist es der Haushalt, bei den anderen der Mental Load (dazu komme ich später noch), bei wieder anderen das Thema Freizeit/Ausgehen/Zeit für sich haben und bestimmt bei einigen auch das Thema Geld. Irgendwas ist immer und plötzlich ist es nicht mehr so einfach wie früher, sich locker zu machen. Aber ich fange mal mit dem wohl häufigsten Problem an, was sich spätestens beim nächsten Streit immer, wirklich IMMER zu Wort meldet – das Aufrechnen! (Ihr müsst euch dabei eine dunkle Stimme vorstellen, die – wie bei einem Filmtrailer – mit sehr viel Nachdruck sagt): DAS AUFRECHNEN!

Es ist nämlich so, dass praktisch von Geburt an ein unausgesprochener kleiner Wettkampf entsteht. Eine Art Spiel, um sich zusätzlich zu all den Strapazen noch ein bisschen mehr fun ins Haus zu holen. Ziel des Spieles ist es, möglichst viele Punkte auf der »Guck mal, was ich alles mache«-Seite zu erzielen. Die Punkte werden heimlich und heimtückisch im Kopf gezählt. Also nicht etwa sichtbar für den anderen, damit er oder sie sich einen Überblick verschaffen kann. Nein, jede*r zählt für sich. Dann ist die Überraschung am Ende, wenn man sich die Punkte gegenseitig an den Kopf wirft, umso größer. Klassische Beispiele, um möglichst viele Punkte auf der eigenen Seite zu erzielen, sind unter anderem:

- *»Ich bin in der letzten Woche jede Nacht aufgestanden und habe die Windeln gewechselt, während du geschlafen hast.«*
- *»Ich bin jeden Morgen mit unserem Baby aufgestanden, damit du noch weiterschlafen konntest.« (Alles mit Schlaf funktioniert wunderbar und gibt automatisch doppelte Punktzahl.)*

- *»Letzte Woche hattest du zwei Nachmittage für dich, als Baby und ich draußen waren.«*
- *»Ich gehe ständig einkaufen/koche für uns.«*
- *»Ich habe die letzten drei Abende Gutenachtgeschichten vorgelesen.«*
- *»Du warst letzten Monat vier Mal abends mit Freunden was trinken, während ich hier alleine zu Hause gehockt habe.«*

Das Spiel kann man nach Belieben weiterführen und es bietet sehr viel Spielraum. Jedenfalls sammelt ihr also fleißig und wartet auf den nächsten Streit. Das muss gar kein großer sein, es kann auch nur eine kleine Meinungsverschiedenheit sein und dann, wenn euch die Argumente ausgehen oder ihr Bock habt auf eine zweite Runde, DANN holt ihr die imaginäre Liste raus und BÄM, eröffnet das Feuer. Natürlich müsst ihr damit rechnen, dass euer*e Partner*in ebenfalls Liste geführt hat und somit mit euch gleichziehen könnte. Deshalb müsst ihr schnell sein, gut argumentieren, nicht um Ausreden verlegen und versuchen, noch einen oben draufzulegen, damit ihr am Ende als Sieger*in aus diesem Spiel geht. Zumindest für diese Runde. Ich bin Profi in dem Spiel und wenn ich mal doch nicht weiß, wie ich das jetzt noch gewinnen soll, fange ich einfach an zu weinen und jammer rum, wie fertig ich bin. Klappt eigentlich immer.

Dieses Aufrechnen ist natürlich super kindisch und bescheuert. Wissen wir alle. Aber es passiert wirklich ganz automatisch. Die Müdigkeit führt dazu, dass man sich ständig ungerecht behandelt fühlt, auch wenn am Ende beide Partner*innen gleich viel anpacken und zurückstecken. Ich denke automatisch immer, dass ich mehr mache. Mein

Freund allerdings auch. Vielleicht sollten wir das Spiel also einfach Gleichstand nennen und es dabei beruhen lassen. (Pfffff ... denkste!)

Da ich absolut kein Profi bin, was Beziehungen angeht, möchte ich hier auch wirklich nicht Paartherapeutin spielen. Das soll lieber die liebe Miriam Dialo mache, die nämlich wirklich Ahnung davon hat und sich als Coach und Therapeutin auf junge Eltern spezialisiert hat. Sie hat für euch ein paar SEHR brauchbare Tipps zusammengeschrieben, die dabei helfen sollen, dass man auch noch ein Paar ist, wenn das Kind zur Schule geht. Statistisch trennen sich anscheinend die meisten Paare im ersten Jahr mit Kind – überrascht mich null. Aber dank Miriam wird euch das nicht passieren.

Wir hatten sie vor langer Zeit auch als Gast in unserem Podcast, daher kennen wir uns, und was soll ich sagen: Sie hat mir echt den Arsch gerettet. Für mich war es super wichtig, Dinge, die ich zwar irgendwie wusste, noch mal detailliert zu hören und anzunehmen. Danke, Miriam! Hier nun der Profi:

»Einer der Aspekte, die rund um die Schwangerschaft (und das Leben mit Kind:ern) noch deutlich zu kurz kommen, ist die Partnerschaft. Da vor allem die Schwangere direkt mit vielen neuen Themen konfrontiert wird, erkennen wir die Wichtigkeit des Paares nur schwer.

Studien zeigen, dass sich viele Paare bereits im ersten Lebensjahr des ersten Kindes trennen*. Außerdem ergaben un-

* *Statista Studie: Scheidungen in Deutschland 2008–2018*

terschiedliche Untersuchungen, dass rund 70% der Elternpaare unglücklicher sind als vor der Familiengründung*.

Ein Grund ist die fehlende Vorbereitung: Wir werden als Paar schlichtweg überrascht und die Partner*innen sehr häufig zu wenig oder zu spät in die Phasen (Familiengründung, Schwangerschaft, Geburt, Wochenbett & Elternzeit) eingebunden. Vor allem wird das gesellschaftliche Bild, wir dürfen und sollten unsere Partnerschaft lange hintanstellen, nach wie vor vermittelt und gelebt.

Diese Tipps können euch dabei helfen, auch als Paar entspannt durch die Schwangerschaft – und die Zeit mit Baby – zu gehen:

Gestaltet die Schritte und Phasen als Team

Informiert euch beide/gemeinsam, tauscht euch mit anderen (werdenden) Eltern aus und bleibt im regelmäßigen Austausch über das, was euch beschäftigt.

Beschäftigt euch mit der Partnerschaft

1. Was macht euch als Paar aus? Wovon lebt ihr als Paar?
2. Welche Stärken hat eure Partnerschaft?
3. Welche Schwierigkeiten/Entwicklungsbereiche habt, bzw. hattet ihr? Wie habt ihr diese bisher lösen können?
4. Gibt es noch Bereiche, die geklärt werden sollten oder wo ihr (professionelle) Unterstützung braucht?

* Margolis, R., Myrskylä, M.: Parental Well-being Surrounding First Birth as a Determinant of Further Parity Progression. »Demography« 52, 1147–1166 (2015).

Sprecht über Wünsche, Bedürfnisse und Ängste

1. Wie stellt ihr euch das Leben als Eltern/Familie vor?
2. Was habt ihr als Kinder erlebt - was davon möchtet ihr weitergeben und was nicht? Gibt es Vorbilder in eurem Umfeld, die euch inspirieren?
3. Welche Bedürfnisse hat jede:r von euch aktuell und zukünftig? (Diese Frage dürft ihr gern regelmäßig alle paar Monate beantworten und entsprechend handeln.)
4. Gibt es Unsicherheiten und Ängste rund um euch und die Familiengründung? Sprecht darüber und schaut, welche nächsten Schritte, bzw. Lösungen nötig sind.

Stärkt eure Kommunikation

1. Wie kommuniziert ihr grundsätzlich - eher mehr oder eher weniger?
2. In welchen Situationen versteht ihr euch besonders gut? Diese Situationen dürft ihr für zukünftige Absprachen wieder gestalten. Hilfreich sind Routinen, z.B. ein Gespräch pro Woche für wichtige Themen und Aspekte. In diesem Zeitraum dürfen Störfaktoren beiseitebleiben. Es ist Zeit nur für euch. Tägliche Themen können in bewussten 5–10 Minuten Platz finden. Übrigens: Sobald Paare den positiven Effekt merken, sind sie erfahrungsgemäß gewillt, diese Zeiträume regelmäßig zu ermöglichen.

Tipps für die Kommunikation:

- Hört euch gegenseitig aktiv zu.
- Vielen hilft es, einen Wecker zu stellen (5–10 Minuten pro Person), in denen NUR eine*r spricht. Anschließend wird getauscht. So bekommen beide ihren Raum und es wird nicht unterbrochen.

- Wiederholt Gesprochenes kurz und stellt sicher, dass ihr euch verstanden habt.
- Haltet bei Bedarf Absprachen auch schriftlich fest. Sorgt für Zeit als Paar

1. Plant bereits jetzt in der Schwangerschaft schöne Dates nur für euch beide ein. Viele Paare verreisen auch gern noch einmal zu zweit. Nach der Geburt dürfen nach spätestens sechs Monaten wieder exklusive Dates zu zweit stattfinden. Speichert euch schon jetzt eine Erinnerung. Auch zu Hause können besondere Stunden verbracht werden mit einem schönen Essen, Massagen, schönen Gesprächen etc.
2. Für die Umsetzung gibt es einen heißen Tipp: Die Unterstützung bereits jetzt planen und einbeziehen. Babysitter (Familie, Freunde, etc.), die euer Baby bereits früh kennenlernen und eine Bindung aufbauen. Auch Unterstützung im Haushalt oder bei anderen wichtigen Themen sorgt für mehr Familien- und Paarzeit.

Schöne Fragen für euch als Paar (für aktuell, das Wochenbett, Dates und andere schöne Momente):

- *Was war heute zwischen uns besonders schön?*
- *Diese drei Dinge schätze ich (aktuell/grundsätzlich) besonders an dir.*
- *Welcher Moment in der letzten Zeit war für uns als Paar besonders positiv? Wie können wir diese Momente öfter schaffen?*
- *Das brauche ich/das brauchst du aus meiner Sicht aktuell. (Wie kann es ermöglicht werden?)*
- *Das brauchen wir als Paar aktuell.*

- *Wie kann ich dir gerade helfen/etwas Gutes tun?*
- *Das hat mich in der letzten Zeit an dir/uns als Paar besonders positiv beeindruckt.*
- *Das schätze ich besonders an dir als Mutter/Vater.*
- *Welches war eines unserer schönsten Dates und warum?*
- *Das fand ich besonders schön an dir, als wir uns kennengelernt haben.*
- *Darum passen wir besonders gut zusammen.*
- *Darum sind/werden wir ausreichend gute Eltern.*
- *Das möchten wir uns auch als Eltern/als Paar erhalten.*
- *Das nehmen wir uns für die kommende Woche als Paar vor.*

Tipp: Merkt euch Fragen, die helfen, und zieht sie regelmäßig heran ...

Nicht vergessen: Für all diese Aspekte dürft ihr euch Unterstützung suchen. Auch Prävention und regelmäßige Reflexion sind sehr hilfreich. Bleibt dran – es lohnt sich.«

Trocken, trockener, am trockensten ... Scheidentrockenheit

Kommen wir zu einem weniger schönen Thema: Scheidentrockenheit. Jap, hier rede ich nicht lange um den heißen Brei herum, sondern komme gleich zum Punkt. Klingt wie ein absolutes Tabuthema, sollte es aber nicht sein. Am besten sagen wir es alle drei Mal laut, damit die Hemmschwelle gleich sinkt und es uns in Zukunft ganz wunderbar leicht von den Lippen geht. Scheidentrockenheit! Scheidentrockenheit! SCHEEEEIDENTROCKENHEIT!!!!

Schlimmes Wort, vielleicht überlegen wir uns doch mal was Neues ... so was wie liquidarme Vagina. Hmmm, klingt zu medizinisch. Wüstenblume! Eigentlich ziemlich schön, nur wer den gleichnamigen Film gesehen hat, der wird gleich eine Heulattacke bekommen. Durstige Pussy vielleicht? Klar, perfekt, wenn man noch einen Namen sucht für sein Stripper-Alter-Ego. Vielleicht bleiben wir doch bei Scheidentrockenheit. Machen wir das Wort also wieder salonfähig. Je selbstbewusster darüber gesprochen wird, desto normaler fürs Ohr. Und wenn man die medizinische Erklärung dazu kennt, gibt es absolut wirklich keinen Grund mehr, sich dafür zu schämen. Also, aufgepasst und mitgeschrieben!

Ratet, woran es liegt, dass es da unten trockener ist als das alte Brötchen im Kita-Rucksack? Natürlich am Hormonspiegel. Wer sonst würde sich so einen Bullshit einfallen lassen. Niemand ist so heimtückisch und originell, wenn es ans Schikanieren des weiblichen Körpers geht, wie unsere Hormone. Unser Körper stellt sich nach der Geburt wieder auf »nicht schwanger« ein. Das heißt, der Östrogenspiegel sinkt und der Körper muss erst mal checken, dass er diesen Zustand ausgleichen muss. Zusätzlich produziert der Körper beim Stillen das Stillhormon Prolaktin, habt ihr sicher schon mal von gehört, das beeinflusst den Östrogenspiegel auf jeden Fall noch zusätzlich. Das Hormon Östrogen hat im weiblichen Körper einen ziemlich wichtigen Job, nämlich den, das Gewebe der Vagina regelmäßig zu erneuern und richtig gut zu durchbluten. Östrogen sorgt außerdem dafür, dass der Feuchtigkeitshaushalt reguliert wird, denn im besten Fall ist unsere Vagina immer mit einer dünnen, klaren Flüssigkeit benetzt. Die dient als Schutz. Ist der

Östrogenspiegel aber noch nicht back to normal, gibt's weniger Schutzfilm, das Scheidengewebe wird dünner, empfindlicher und weniger elastisch. O. k. wow!

Die Scheidentrockenheit kann also nicht nur beim Sex unangenehm sein, sondern auch bei so simplen Dingen wie Laufen oder Fahrradfahren stören. Sport kann auch kacke sein, aber mal ehrlich – wer macht denn hier Sport? Es muss sich nicht nur trocken anfühlen, sondern kann auch brennen oder jucken. Heidewitzka! Die gute Nachricht ist, dass sich der Östrogenspiegel nach 3–6 Monaten wieder reguliert hat und es dann wieder flutscht. Bis dahin hilft dann wahrscheinlich nur eins – Gleitmittel. Auf jeden Fall besser, als Schmerzen beim Sex zu haben.

Was bei mir gar nicht mehr ging, waren Tampons. Ich wollte es einmal probieren und das Ganze fühlte sich in etwa so an, als ob man versuchte, einen Mini-Kaktus in eine Socke zu stecken.

Ich bin dann ganz auf Menstruationsunterwäsche umgestiegen. Beste Entscheidung meines Lebens.

Die neue Familie

Familie kann man sich nicht aussuchen, Freunde aber schon. Das hat mal ein schlauer Mensch gesagt. Aber wie macht man Freund*innen zur Familie? Ich kann es euch verraten. Man nehme eine*n absolut super coole*n Freund*in und macht sie*ihn zur*m Patin*Paten. Mein Baby ist nicht getauft und dennoch haben wir uns entschieden, ihm zwei Paten zu geben. Wir wollen einfach Freund*innen zu unserer Familie machen. Außerdem wollen wir, dass das Baby gute Vorbilder hat und außerdem (let's face it) haben wir weder Oma noch Opa in unserer Stadt und brauchen Support bei der Kinderbetreuung.

Deshalb dürfen mein Freund und ich jede*r einen Paten aussuchen, damit es einfach super fair ist.

Früher war es cool zu rauchen, heute ist es cool, um Hilfe zu fragen. Und wenn man dann schon Freund*innen zur Familie gemacht hat, dann kann man diese auch immer bitten, einem zu helfen. Wenn man, wie ich, nicht so gut darin ist, dann ist jetzt die perfekte Zeit, es zu erlernen. Angefangen im Wochenbett, da ist es mega cool, Support von diesen Freund*innen zu haben und Essen vor die Tür gestellt zu bekommen. Wie geil ist das, wenn es klingelt und keine Menschen vor der Tür stehen, sondern eine warme Lasagne. Hmmmmm, Lasagne. Da bekomme ich beim Schreiben direkt Bock. Ich muss aber dazusagen, dass die ständige Hilfe von Paten auch eine romantische Vorstellung ist. Denn erstens müssen die natürlich arbeiten und zweitens hat das Baby im ersten Jahr 42704730894 Fremdelphasen. Das sind die Phasen, in denen alle Omas sagen würden: »Ich bin doch aber keine Fremde.« ALLE Menschen, die NICHT Mama oder Papa sind, sind Fremde. Manchmal sogar Papa. Sie müssen halt nach Vulva riechen.

Aber ich kann euch das nur raten: Wenn ihr Lust habt, sucht euren Freundeskreis nach coolen Menschen ab, die ein Vorbild für euer Kind sein könnten, und fragt sie, ob sie Pat*innen werden möchten. Die meisten freuen sich riesig und es gibt ein paar mehr Menschen im Leben eures Kindes, die im besten Fall lebenslang eine starke Bindung zu ihm haben.

Eigentlich rede ich nicht so gerne über Sex. Glaubt man nicht, wenn man mich kennt. Hey, verstehe ich. Ich finde das einfach sehr intim und noch intimer wird es, wenn man plötzlich eine kleine Familie ist und ein Kind zusammen hat. Trotz allem finde ich es super wichtig, dem Thema »Sex als Paar - mit Kind!« ein ganzes Kapitel zu widmen, weil es so wichtig ist, sich keinen Druck zu machen. Aus Erzählungen weiß ich nämlich, dass es sehr vielen Paaren ähnlich geht: Wir machen uns zu viel Druck. Wann muss/soll/darf man nach der Geburt wieder das erste Mal Sex haben? Wie schafft man es trotz Babyalltags wieder regelmäßig Sex zu haben? Was, wenn ich dank Stillhormon aber noch keinen Bock verspüre oder komplett die Lust verliere, wieder aufs Pferd zu steigen? Das Pferd ist in diesem Fall der Partner - sorry, falls das komische Bilder in euren Köpfen hervorruft.

Mittlerweile und viele Kapitel später haben wir gelernt: Es gibt kein Richtig oder Falsch. Keine Norm, keine Regeln, keine Skala, an der wir die Bedürfnisse für uns als Mutter oder Paar ablesen können. Und trotzdem würden wir ab und zu so gerne wissen, wie wir den Knoten zum Platzen bringen, und wie es die anderen eigentlich machen und brauchen einfach nur den Austausch. Austausch ist das Schlüsselwort. Ich brauche ihn auch, den Austausch. Ich liebe ihn! Es gibt nichts Besseres, als sich mit einer guten Freundin oder einem Freund zusammenzusetzen und offen und ehrlich zu reden, zu analysieren, zu vergleichen. Danach gehe ich meist so positiv gestärkt aus dem Gespräch und nehme neue Anregungen mit nach Hause. Ganz besonders beim Thema Sex nach der Geburt wollte ich wissen, wie es denn bei den anderen so läuft und habe für euch recherchiert. Hey, na klar ... ist ja wohl Ehrensache!

Vorab kann ich euch sagen: So unterschiedlich wie eure Babys sind auch die Paare und ihr Sexleben. Und selbst wenn ihr euch in diesen Beispielen nicht wiederfindet, heißt das nicht, dass eure Art und Weise zu leben und zu lieben nicht die richtige ist. Es gibt so viele verschiedene Lebensmodelle. Hier, lest selber ... und nennt mich von nun an Frau Doktor Sommer!

Wenig Sex, aber ganz viel Nähe

Ich kann mir gut vorstellen, dass dieses Modell recht vielen bekannt vorkommt. Vor dem Kind hatte man zwar regelmäßig, aber nicht überdurchschnittlich viel Sex. Ihr seid keine Karnickel, aber findet euch schon ziemlich gut. Was aber viel viel wichtiger in eurer Beziehung ist, ist die Nähe. Kuscheln, umarmen, knutschen, kleine Berührungen im Vorbeigehen. Mega schön, super vertraut, ich kenne das selber ziemlich gut. Jedoch kann die Fallhöhe nach der Geburt ziemlich krass sein. Denn diese Zärtlichkeiten im Alltag muss man sich echt bewahren und das ist gar nicht so einfach. Ich glaube manchmal, dass so richtig doll sexuelle Menschen, die einfach ständig Bock haben, viel eher auf ihren Körper hören und ihrer Lust nachgeben und somit einfach auch mehr Sex haben. Dieses Nähe-Ding verschiebt sich nämlich auf eine komische Art plötzlich, weil man ja das Baby ständig an sich hängen hat und da ja auch schon ganz viele Liebe und Nähe zu vergeben hat. Und oft ist man dann am Abend so froh, einfach mal Zeit und Raum für sich selber zu haben und Nähe vom Partner ist dann manchmal zu viel. Einer Freundin von mir ging es genauso und sie dachte, dass sich das von alleine schon wieder regeln wird und erst nach sehr sehr langer Zeit hat sie gemerkt, dass die beiden zwar eine gute Zeit als Familie haben, aber sich wirklich gar nicht mehr nah waren. Eher wie Geschwister haben sie zusammengelebt und mussten nach Monaten erst wieder lernen, ein Liebespaar zu sein. Das hat sich wohl am Anfang ganz schön schräg angefühlt, wieder aufeinander zuzugehen und die Liebe des anderen körperlich anzunehmen. Lässt man sich aber darauf ein, erzählte sie, merkt man erst mal, wie doll man diese Nähe eigentlich vermisst hat und dass sich so alles viel leichter anfühlt und man nicht immer die ganze Zeit alleine stark sein muss, sondern sich auch viel öfter mal fallen lassen kann. Ich glaube tatsächlich, dass es nicht unbedingt darauf ankommt, wie oft man Sex hat (egal ob mit Kind oder ohne), solange die Zärtlichkeiten zur Tagesordnung gehören. Und natürlich nicht, weil man muss, sondern weil man halt eben will und die Finger nicht voneinander lassen kann. Und Kuscheln zu dritt oder zu viert (also mit den Kids halt) ist ja eh das Allerschönste!

Erst Sex, dann reden

Bei einer anderen Freundin von mir ist es zum Beispiel ganz anders. Die beiden haben ständig Sex, streiten aber auch ganz schön viel. Das Kind ist erst sechs Monate alt und schon während der Schwangerschaft gab es viele Konflikte. Und nicht unbedingt kleine, sondern es ging da wirklich um grundlegende Dinge. Leider fühlt sich so was ja immer schnell wie ein Machtkampf an und plötzlich ist man kein Paar mehr, was dasselbe möchte, sondern führt einen Krieg gegeneinander. Ich meine, wie bescheuert!? Wieso sollte man sich mit der Person, die man liebt, bekriegen? Na, jedenfalls haben sie die Konflikte aus der Schwangerschaft auch mit in die Zeit nach der Geburt genommen und es gibt immer wieder Grundsatzdiskussionen zwischen den beiden. Er wird diskutiert, gestritten und auch gerne mal sehr laut der eigene Standpunkt klargemacht. Beim Streiten selber kommen sie eigentlich nie zu einer Lösung, da sind beide dann viel zu stolz und vor allem zu stur. Klärende Gespräche gibt es eigentlich nur ... tadaaaaa: nach dem Sex. Zum Glück haben nämlich die ganzen Streitereien noch nicht dazu geführt, dass die beiden sich unattraktiv finden – ganz im Gegenteil, die haben so richtig Bock aufeinander und mehrmals die Woche Sex. Danach ist dann die Stimmung oft so, dass die beiden ganz ruhig und auf Augenhöhe Probleme besprechen können. Und sie haben nicht einfach so Standard-rein-raus-Mickey-Maus-Sex, sondern so richtig geilen Sex wie am Anfang einer Beziehung. Da bin ich manchmal ein bisschen neidisch, wenn ich das höre. Auf den Streit allerdings könnte ich verzichten.

Offene Beziehung trotz Kind

Und dann gibt es da auch noch ein ganz spezielles Paar bei uns im Freundeskreis, nämlich die mit der offenen Beziehung. Das leben die beiden schon seit einigen Jahren so, das Konzept stand aber natürlich noch mal kurz zur Diskussion, als das Kind ins Spiel kam. Da der Sex mit anderen Menschen aber gar nichts damit zu tun hat, was die beiden füreinander fühlen, fanden sie auch nicht, dass sich in der Hinsicht etwas ändern müsse. Die beiden erklären das so: Dass sie ab und zu Sex mit anderen haben, sagt nichts über die Beziehung aus. Sie schlafen nicht mit anderen, weil ihnen zu Hause etwas fehlt oder sie Bestätigung brauchen oder eine extra Portion Liebe, nein, sie haben einfach manchmal Bock auf ein Abenteuer. Sie mag zum Beispiel betrunkenen Sex mit jemandem, den sie kaum kennt und bei dem man Raum und Zeit vergisst und sich komplett gehen lässt. Denn zugegeben: In einer ziemlich langen Beziehung ist der Sex einfach irgendwann nicht mehr ganz so wild wie noch am Anfang. Da sind so kleine Abenteuer eine willkommene Abwechslung. Natürlich kommt das, jetzt wo sie Mutter ist, nicht jedes Wochenende vor, wahrscheinlich auch nicht jeden Monat, aber manchmal halt doch. Und das tut ihr krass gut, sagt sie. Ich fand das kurz befremdlich, verstehe aber total, dass sich die Bedürfnisse und die Lust ja nicht geändert haben, nur weil man plötzlich Mutter ist. Voll gut, wenn man so genau weiß, was man will, aber – wie wahrscheinlich für die meisten – für mich wäre es nichts. Ich möchte meinen Partner ungerne teilen. Natürlich haben die beiden Freunde auch als Paar Sex und nicht nur mit anderen, aber vor allem sind sie eine ziemlich glückliche Familie und ein gutes Team. Nur die richtig wilden Sachen erleben sie halt eher mit jemand anderem als zusammen. Kann sicher ein Weg sein: Family ist der safe space, die Liebe und Geborgenheit und da draußen ist High Life und wilde Orgie. Bisschen überspitzt, aber ihr wisst schon, was ich meine.

Sex nach Plan

Holt man sich Rat bei Sextherapeuten oder Coaches, durch Artikel oder Gespräche, dann raten die einem tatsächlich oft, sich zum Sex zu verabreden. Denn im Alltag bleibt die Lust ja gerne mal auf der Strecke und wenn man dann erst darauf warten muss, dass er oder sie ein Zeichen gibt, kann der Monat auch schon wieder vorbei sein. Deshalb soll man sich einen festen Tag in der Woche einplanen, an dem es rappelt in der Kiste. Also wenn man dann vielleicht Anfang der Woche kurz spricht, wie die Woche so aussieht, wann wer das Kind aus der Kita holt, welche Kindergeburtstage so anstehen und wer den Wocheneinkauf regelt, überlegt man sich auch gleich einen Tag, an dem Penis in Scheide gesteckt wird. Wow. Ich kann mir immer gar nicht so richtig vorstellen, dass man dann auch genau an dem Tag wirklich Lust hat, aber vielleicht steigert das sogar den Sexbock, weil man dann schon die ganze Woche was hat, auf das man sich freuen kann. Ich habe mal von einem Kumpel gehört, dass er das total super findet und er und seine Freundin sich dann schon immer vorher kleine, versaute WhatsApp-Nachrichten schicken und das die Vorfreude enorm pusht. Und wahrscheinlich hilft die Regelmäßigkeit auch dabei, dass man eh viel öfter Lust hat, als wenn man es dann wieder komplett schleifen lässt. Beim Sex ist das ja oft so: aus den Augen, aus dem Sinn. Und erst wenn man mal wieder Blut geleckt hat, weiß man, was man eigentlich verpasst hat. Geht mir auf jeden Fall so. Ich glaube, ich muss das einfach aus meinem Kopf kriegen, dass etwas, was terminiert ist, nicht automatisch bedeutet, dass es super spießig und unsexy ist und vor allem, dass man jeden Termin auch am Ende absagen kann. Es bringt ja nichts, sich dann verpflichtet zu fühlen und nur mitzumachen, weil es im Kalender steht.

Das erste Mal der Julia K.

Vor der ersten Geburt habe ich mich gefragt, ob und wann nach der Geburt man wieder Sex hat. Ist da untenrum nicht alles zerstört? Ist dann untenrum ein großes, offenes Loch?

So richtig Bock habe ich noch nicht, aber es interessiert mich sehr, was da unten abgeht. Da kam doch gerade noch ein Baby raus und irgendwie ist das doch auch traumatisch für meine Mumu gewesen. Das sitzt da unten auf der Festplatte. Ich habe das Gefühl, mein Unterleib braucht auch eine kleine Therapiesitzung.

Sechs Wochen nach der Geburt habe ich meinen ersten Termin bei der Gynäkologin zur Nachkontrolle. Frau Doktor checkt, ob sich die Gebärmutter wieder zurückgebildet hat und wie es meinem Scheidenriss geht. Ich frage sie ganz vorsichtig, wie es denn mit Sex aussieht.

Die Gynäkologin sagt, dass ich jetzt wieder loslegen kann und empfiehlt mir erst mal, mit Kondom zu verhüten, wenn ich nicht sofort wieder schwanger werden will. Es gibt nämlich einen Mythos, dass man während der Stillzeit nicht schwanger werden kann. Das ist Quatsch mit Spermasoße!

An diesem Tag, ganz genau sechs Wochen nach der Geburt, habe ich dann das erste Mal Sex nach der Geburt. Die Szene müsst ihr euch jetzt vorstellen wie bei Twilight. Wie Edward über Bella herfällt und sich nicht beherrschen kann und dabei leicht aggressiv wird. Ganz genau so war es. Hahaha.

Ehrlich gesagt hat es mega wehgetan. Wie ein spitzer Messerstich. Ich war total verkrampft und auch die Wunde vom Scheidenriss hat noch mal Servus gesagt. Es hat auch länger gedauert, bis mein Unterleib wieder ein normales Sexleben haben konnte. Mein Gegenwarts-Ich würde meinem Vergangenheits-Ich gerne sagen. dass es gar nicht wichtig ist, so schnell wieder zu starten. Niemals unter Druck setzen und lieber offen mit dem*der Partner*in sprechen, insofern man überhaupt jemanden hat. Ich nehme mir vor, nach der zweiten Geburt viel länger zu warten und auf mich selbst zu hören. No pressure! Und keine Angst vor Mumupupsen. Die kommen und gehen, wie sie wollen.

Fazit

Allgemein gilt natürlich eh, immer nur das machen, worauf man wirklich Lust hat. Und man darf nicht denken, dass ihr eurem*r Partner*in einen Gefallen tun müsst. Davon hat am Ende niemand etwas und vor allem nicht ihr selber. Wenn ihr sechs Monate nach der Geburt immer noch keinen Bock auf Sex habt, dann ist das eben so. Aber redet gemeinsam darüber. Es wird nämlich richtig dolle unangenehm, wenn das Thema im Raum steht, aber nicht angesprochen wird. Noch schlimmer: Dein*e Partner*in macht immer wieder einen move und du suchst nach Ausreden oder windest dich aus der Situation. Das ist nicht gesund und der andere denkt dann sicher, es hat was mit ihm*ihr zu tun und macht sich mega den Kopf. Lieber ganz klar die Karten auf den Tisch und versuchen zu erklären, was gerade abgeht, mit eurem Körper, euren Gefühlen und Gedanken. Danach kann man gemeinsam nach einer Lösung suchen oder sitzt die Durststrecke halt eben gemeinsam aus, aber halt eben als liebevolles Paar und nicht gefrustet, beide gefangen in ihren Gedanken. Okay, wow, jetzt fühl ich mich tatsächlich wie Doktor Sommer und überlege, ob ich professionell anfangen sollte, Beziehungsratgeber zu schreiben. Anderen Tipps zu geben, ist halt leider immer sehr viel einfacher, als es dann auch wirklich in den eigenen vier Wänden umzusetzen. Aber auch wenn ich mich wiederholen sollte, Kommunikation ist der Schlüssel! (Okay, jetzt klinge ich nicht mehr wie Doktor Sommer, sondern wie ein schlechter Coach, der euch das Geld aus der Tasche ziehen möchte.) Reden ist ja immer wichtig, egal, ob Beziehung, in einer Freundschaft oder im Job, aber, wenn man ein Kind zusammen hat, dann ist real talk faktisch die Essenz. Der heilige Gral! Die Bibel der Beziehungsregeln. So bald etwas nicht angesprochen wird und schön immer weiter in sich reingefressen wird, wird die Hass-Enttäuschungs-Frustrations-Spirale immer und immer größer. Am Ende reicht eine Windel, die falsch weggeräumt wurde, um die krasse Bombe platzen zu lassen und dann wird aber so was von gestritten und aufs Brot geschmiert, da kann jedes Nutellaglas einpacken. Da wird so richtig mit dem Messer, bis zum Anschlag, alles rausgeholt und so dolle auf dem Brot verteilt, dass am Ende kein Auge trocken bleibt. Und damit meine ich nicht vor Lachen, sondern vor Weinen. Seit ich Mutter bin, bin ich noch mal so viel mehr empfindlich, wenn es um Kritik oder passiv-aggressive Handlungen geht. Gleichzeitig teile ich aber selber auch viel mehr aus und lege viel zu viel auf die Goldwaage. Deshalb: Redet miteinander, solange die Stimmung gut ist und nicht erst, wenn sich eure Halsschlagader meldet.

Die Mental-Load-Falle

Mental wie bitte? Mental Looooad! Auch wenn du diesen Begriff so noch nie gehört hast, wirst du ihn spätestens als Mutter wahrscheinlich täglich leben und fühlen. Vielleicht sogar auch schon vorher in deiner Beziehung, aber mit Kind kickt das Ganze noch mal so richtig rein. Es ist kaum möglich, sich davor zu schützen. Der Mental Load ist wie eine richtig fiese Erkältung im Winter. Du isst jeden Tag eine Kiwi, trägst immer einen Schal und wäschst dir die Hände nach der U-Bahn und trotzdem erwischt sie dich.

Der Mental Load beschreibt die tägliche Belastung durch das Organisieren von Alltagsaufgaben, die scheinbar kaum sichtbar sind, aber alles in allem doch eine ganze Menge Arbeit bedeuten. Also im Grunde funktioniert das Gehirn einer Mutter nach der Geburt nur noch so: »Ach, die Bodys passen nicht mehr, wir brauchen dringend neue.

Verschenke ich die alten Sachen einfach oder stelle ich noch was beim Online-Flohmarkt rein? Wo bekomme ich denn jetzt auf die Schnelle coole Gummistiefel für die Kita her? Nächste Woche ist Kindergeburtstag, was backe ich für einen Kuchen? Haben wir noch Karten für die Einladungen da? Das Kind muss dringend mal wieder die Haare geschnitten bekommen. Wo war noch mal dieser tolle Tanzkurs für die Kids und wie lief das mit der Anmeldung? Am Wochenende hat Emmi Geburtstag, wir brauchen noch ein Geschenk! Die Windeln sind schon wieder alle aufgebraucht. Und heute Abend müssen unbedingt die Fingernägel geschnitten werden. Haben wir noch Brot? Wie, schon wieder Herbst? Laternenbasteln in der Kita! Und Elternabend steht auch mal wieder an. Die Brotdose ist irgendwie verschwunden, wir müssen eine neue kaufen. Haben wir noch Snacks für nach der Kita? Es wird Zeit für eine wärmere Jacke.«

Das ist deine Zukunft! Brainwash3000!

Ihr wisst schon, das sind diese ganzen kleinen, süßen Aufgaben, die sich oft gar nicht so wild anfühlen oder hier und da auch mal Spaß machen. Aber in Masse, so alles auf einem Haufen ist das doch ganz schön viel Hirnschmalz, das hier gebraucht wird.

Was ich mich bei dieser gemeinen Mental-Load-Falle immer wieder frage: Was war zuerst da? Das Huhn oder das Ei?

Hä? Was jetzt?

Na ja, wie hat sich diese Dynamik entwickelt? Sind die Mütter so krass gebrainwashed worden, weil die Väter einfach ein dickes fettes CIAO in den Raum werfen, wenn es um solche Aufgaben geht und der Mutter also gar keine andere Wahl bleibt, als sich zu kümmern? Handelt es sich hier um ein strukturelles Problem aus einer anderen Zeit, in der die Männer den ganzen Tag auf der Arbeit waren und die Mütter »nur« den Haushalt geschmissen haben und die Kinder umsorgt? Oder aber: Haben die Frauen all diese Alltagsaufgaben schon immer an sich gerissen und den Partnern gar nicht die Möglichkeit gegeben, sich mit Babykleidung und Kindergeburtstagen auseinanderzusetzen? Vielleicht gehen Frauen schon seit Generationen davon aus, dass Männer all diese Aufgaben eh falsch machen und reißen es pathologisch an sich. Mein Freund und ich, wir leben nach dem 50/50-Modell und böse Zungen behaupten, dass er die Frau in der Beziehung ist, und trotzdem gibt es ganz klar Aufgaben, die ich an mich reiße, weil ich denke, dass ich sie besser kann als er. Eigentlich ja okay, ich darf mich dann halt nur nicht beschweren, wenn er in meinen Augen zu wenig macht oder ich das Gefühl habe, alles bleibt mal wieder an mir hängen.

Zum Glück wird das Konzept 50/50 ja immer beliebter und es bricht eine neue Zeit an, was das moderne Familienleben angeht. Bei mir im Freundeskreis sind sogar oft die Frauen die Hauptverdienerinnen und ziehen voll ihr Ding durch. Es bleibt also eigentlich gar keine andere Wahl, als Aufgaben und Verantwortung 50/50 aufzuteilen.

Wie das genau aussehen kann, kann ganz unterschiedlich sein. Und was wäre das denn hier für ein Buch, wenn ich euch nicht ein paar Familienbeispiele aufschreiben würde. Drei Szenarien, die im besten Fall alle Kombinationen abdecken und von denen wir etwas lernen können. Alle Namen und Figuren sind natürlich frei erfunden und haben absolut nichts mit meinem Leben zu tun. Schwöre!

(Das sind alles Beispiele aus meiner Bubble. Ich weiß, die folgenden Paare sind krasse Stereotypen. Aber sie werden vielen bestimmt helfen. Mein Herz schlägt auch für alleinerziehende Eltern und alle Frauen dieser Welt.)

Das rücksichtsvolle kreative Pärchen

Mia 32, Tom 34. (Jap, das sind die Namen aus dem Leselernbuch aus der 1. Klasse. Aber die beiden passen einfach so gut zusammen.) Beide sind selbstständig (surprise!) und machen irgendwas Kreatives (noch mal: surprise!!!). Bevor sie Eltern geworden sind, haben sie nach Lust und Laune gearbeitet, manchmal bis spät in die Nacht, manchmal am Wochenende, weil sie unter der Woche lieber zum See gefahren sind und ein andermal haben sie ihre Arbeit direkt mit zum See genommen und mit Blick aufs Wasser ihren Job gemacht. Tom und Mia scheint die Sonne aus dem Popöchen und sie haben einfach eine richtig gute Zeit gehabt. Als Mia schwanger wird und die Frage nach der Elternzeit ansteht, fällt die Entscheidung nicht leicht. Beide lieben ihren Job und beide wollen gerne weiter Geld verdienen. Die Vorstellung, dass Mia das erste Jahr mit dem Kind »alleine« ist, mag sie gar nicht und möchte von Anfang an Gleichberechtigung in der Beziehung. Nach vielen Gesprächen entscheiden sie sich dazu, dass in den ersten acht Wochen nach der Geburt auf jeden Fall beide zu Hause sind und erst mal in den Alltag mit Baby reinkommen und sich zu dritt richtig kennenlernen. Für die Zeit danach hat Tom seine Stunden einfach ein bisschen reduziert und nimmt weniger Aufträge an. Mia hat sich für Elterngeld Plus entschieden und kann somit bis zu 30 Stunden pro Woche arbeiten, bekommt dafür zwar nur die Hälfte vom Elterngeld, aber für einen doppelt so langen Zeitraum. Der Plan ist also, dass beide wieder arbeiten können und in der Zeit der*die jeweils andere sich um das Baby kümmert. Und wenn es dann doch alles mal zu viel wird, haben sie ihre Arbeitszeiten ja immer noch selber in der Hand, da sie selbstständig sind. Außerdem nehmen sie sich vor, dass sie gewisse Aufgabenfelder aufteilen: Kinderarztbesuche, Einkaufen gehen, Windelvorrat checken, Kinderklamotten im Auge behalten usw.

Immer sonntags setzen sie sich zusammen und besprechen die anstehende Woche, wer was zu tun hat und wie es ihnen gerade so geht und was sie sich von dem*der anderen wünschen. Ihr merkt schon, Tom und Mia sind absolute Streber und machen ziemlich viel richtig. Eigentlich alles. Da der Austausch über Beziehung und Bedürfnisse krass wichtig ist.

Wir können also von den beiden noch was lernen. Ich auch! Denn ganz viel davon haben wir uns auch vorgenommen und es dann immer mehr schleifen lassen. Genauso wichtig wie das Checken des Windelstatus ist auch das Checken der Beziehung.

Natürlich haben Tom und Mia aber auch ihre Problemchen. (Ist ja schließlich mein Buch und ich kann entscheiden, ob die beiden Probleme haben oder nicht!)

Wenn das Kind dann mal krank ist und alt genug, dass es schon in die Kita geht, bleibt die Frage, wer mit dem Kind zu Hause bleibt. Beide halten ihren Job für krass wichtig und können sich eigentlich keine »Kinderkrankentage« erlauben. Als Selbstständige zahlt dir das ja niemand. Also wird oft diskutiert, wer jetzt zurücksteckt oder im Zweifel noch eine Nachtschicht am Schreibtisch einlegen muss. Auch fehlt ihnen manchmal die Zeit alleine. Sie sind so gut darin, alles zusammen zu machen, dass die Me-Time ab und an zu kurz kommt. Ha, nehmt das, Tom und Mia – so perfekt wie ihr tut, seid ihr nämlich gar nicht.

Das klassische Pärchen

Dieses Modell kennen und leben wahrscheinlich die meisten und es bringt viele Vor- und Nachteile. Achtung, wir erfüllen hier jetzt mal kurz alle Klischees:

Phillip ist Mitte 30 und arbeitet als Ingenieur in irgendeiner Firma, die ihm schon seit vielen Jahren ein guter Arbeitgeber ist. 40 Stunden die Woche, gutes Gehalt und Weihnachtsgeld gibt's auch noch on top. (Geil!) Seine Freundin Johanna hat vorher auch festangestellt in einem großen Unternehmen in der PR gearbeitet und nimmt nach der Geburt zwölf Monate Elternzeit. Sie kann dann nach der Elternzeit easy wieder zurück in ihren alten Job. Phillip nimmt zwei Monate Elternzeit, wenn das Baby ein halbes Jahr alt ist. In der Zeit wollen sie verreisen – raus aus dem Winter, rein in die Sonne. Ey, herrlich. Gönne ich ihnen.

Was cool bei den beiden ist, die Aufgaben sind ziemlich klar verteilt: Johanna kümmert sich ums Kind und den Alltag und Phillip geht arbeiten und verdient das Geld. So gibt es erst mal keine Konflikte, wer was machen soll/muss und jede*r kann sich auf seinen*ihren Bereich konzentrieren. Nach der Geburt ist Phillip noch zwei Wochen zu Hause und dann ist Johanna vom einen auf den anderen

Tag alleine mit dem Baby. Ziemliche Überforderung, auch wenn das Baby eigentlich viel schläft. Plötzlich sind da so viele Aufgaben und duschen und essen würde sie eigentlich auch ganz gerne mal, aber da ist das Baby schon wieder wach. Deshalb schlägt sie Phillip nach einer Weile vor, dass er morgens lieber eine halbe Stunde später anfängt zu arbeiten und Johanna sich kurz fertig machen kann und in Ruhe frühstückt. Diese Stunde am Morgen gehört ihr und sie geht dann mit einem ganz anderen Gefühl in den Tag. Auch den Großeinkauf muss Phillip übernehmen, das macht mit Kinderwagen und Altbauwohnung ohne Aufzug einfach keinen Sinn. Nach einer Weile kommen die beiden ganz gut rein, aber er ist am Wochenende meistens total k. o. von der Woche und sie würde sich auch mal eine kurze kinderfreie Auszeit wünschen. Deshalb verläuft das Wochenende ab und zu im Schichtdienst, nur dass dann wenig Familyzeit übrig bleibt. Johanna fühlt sich unter der Woche manchmal alleine und unterfordert und Phillip denkt, dass sie einen entspannten Tag hatte, weil das Baby viel schläft und sie sich oft mit Freundinnen auf einen Kaffee trifft. Einen ganzen Tag alleine mit dem Baby hat Phillip noch nie erlebt und weiß nicht, wie anstrengend das sein kann. Das ändert sich auch nicht so wirklich in der gemeinsamen Elternzeit, weil die beiden die zwei Monate im Ausland verbringen und das wenig mit dem Alltag zu tun hat. Außerdem sind sie hier ja zu zweit und Johanna kennt den Tagesablauf des Babys eh besser und übernimmt die meisten Aufgaben. So ganz kommen sie aus der klassischen Elternfalle einfach nicht raus. Johanna traut Phillip manche Aufgaben mit Baby nicht zu, weil er ja meistens arbeiten ist. So lässt sie sich nicht mal helfen, wenn Hilfe da ist. Beide können den*die andere*n nicht so ganz verstehen und haben falsche Vorstellungen vom Alltag des*der anderen.

Auch hier wäre natürlich Kommunikation der Schlüssel! Aber es ist auch ganz viel Müdigkeit und Überforderung im Spiel. Sicherlich wird alles nach dem ersten Jahr, wenn das Kind in der Kita ist, entspannter und besser. Paare, denen es finanziell sehr gut geht, sind einen gewissen Lebensstandard gewohnt und kommen nicht unbedingt auf die Idee, einfach weniger Stunden zu arbeiten und somit mehr Zeit zu dritt zu haben. Scheiß auf die Kohle, es geht euch eh super gut! Lieber Qualitytime, 'ne entspannte Zeit und weniger Konflikte. Trust me!

Das Girlboss-Pärchen

Der Begriff »Working Mom« müsste eigentlich verboten werden. Ich habe noch nie einen Mann »Working Dad« genannt, du?

Aber kommen wir zu der vielleicht modernsten und gleichzeitig problematischsten Konstellation. Marie, 36, ist seit vielen Jahren selbstständig und hat sich ein eigenes Business aufgebaut. Sie berät Marken und Firmen zu ihren Social-Media-Auftritten und hat damit eine Menge Kohle verdient. Ihr Freund Max hat die letzten Jahre mal hier und mal da gearbeitet und hängt emotional nicht besonders an seinen Jobs. Deshalb steht für das Paar auch von vornherein fest, dass Max die Elternzeit übernehmen wird. Ganz schön modern! Dafür bekommt er auch echt viel Lob von außen und Marie und Max fühlen sich ziemlich fortschrittlich. Nach der Geburt genießen die beiden zusammen die ersten zwei Monate mit dem Baby und haben eine entspannte Zeit. Danach nimmt Marie wieder Aufträge an und fängt von zu Hause an zu arbeiten. Ab und zu ist sie mal bei Terminen, aber eigentlich nie länger als drei bis vier Stunden weg. Irgendwie hat Marie aber immer ein schlechtes Gewissen. Nicht ihrem Kind, sondern ihrem Freund gegenüber. Sie will die Tage für ihn so angenehm wie möglich gestalten und versucht deshalb für ihn mitzudenken oder Aufgaben zu erledigen, damit er sich wirklich nur ums Baby kümmern muss und sonst nichts. Marie weiß, dass das völlig Banane ist, denn schließlich machen zig Mütter das ja auch alles alleine, aber irgendwie fällt ihr das Loslassen doch schwer. Gefühlt wird sie so aber weder dem Job richtig gerecht noch der Beziehung. Irgendwie herrscht ein Ungleichgewicht und die beiden bekommen den Dreh nicht so richtig raus.

Komisch, dass dann doch anscheinend alte Muster und Sozialisierung so tief sitzen, dass sich »Ein-Jahr-Elternzeit-für-den-Vater« doch noch nicht so natürlich anfühlt, wie es eigentlich sollte. Wahrscheinlich müssen hier die Grenzen noch krasser gezogen werden und nicht erklärbare Schuldgefühle dürfen nicht existieren. Aber trotzdem braucht es solche Paare wie Max und Marie, die mit (halb) gutem Beispiel vorangehen und kleine Meilensteine setzen. Es muss einfach immer noch normaler und selbstverständlicher werden, dass auch die Väter zu Hause bleiben und einer Mutter in nichts nachstehen.

Fazit

Wie man sich nach der Geburt aufteilt, ob man sich zusätzliche Hilfe in Form einer Nanny oder einer Putzfrau holt, ob man das klassische Modell lebt oder ein modernes Vorbild sein möchte, bleibt ja Gott sei Dank jedem selbst überlassen. Aber wichtig ist, dass beide ihre Bedürfnisse äußern und niemand zu kurz kommt. Und nur, weil die Mutter vielleicht vor der Geburt denkt, dass sie total gerne mit dem Baby zu Hause bleiben möchte, heißt das nicht, dass sie einige Monate später immer noch so fühlt. Bei ganz vielen Dingen im Leben entscheiden wir uns um, weil wir keine Lust mehr haben oder doch anders empfinden. Wieso also nicht auch bei so einem krassen life changing Ding wie dem Alltag mit Baby? Genau deshalb ist so ein Elterngeldantrag ja auch nicht in Stein gemeißelt, sondern kann selbst nach Abgabe noch mal geändert werden. Willkommen im 21. Jahrhundert! Aber bitte lebt auch so.

High- und Lowlights des ersten Jahres mit Baby

Hier kommt eine schöne Liste voller Lowlights für euch:

1. *Jede Nacht aufgeweckt werden. Je! De! Nacht!*
2. *Ein Jahr ohne Selbstbestimmung*
3. *Die ersten drei Monate mit Koliken*
4. *Nicht zu wissen, was das Baby will, wenn es weint*
5. *Die Wachstumsschübe: Man denkt jedes Mal, es geht niemals vorbei*

Meine Highlights klingen, als hätte ich einen Hund großgezogen:

1. Sitzen
2. Sprechen
3. Laufen
4. Das erste Lächeln
5. Das Jahr Revue passieren zu lassen (krass emotionales Highlight)
6. Das komische Stolzsein auf alles
7. Die Kita-Eingewöhnung erfolgreich abgeschlossen zu haben
8. Dass die Milch aus meinem Busen das Kind groß und dick gemacht hat
9. Das Kind selbst produziert zu haben

Der neue Körper – my body is a wonderland

Neben dem neuen Leben, der neuen Partnerschaft und dem neuen Alltag ist noch etwas anders und neu – mein Körper! Das meine ich erst mal gar nicht wertend. Er ist nicht schlechter oder besser als vorher, sondern einfach irgendwie anders und wir brauchen noch mal ein bisschen Zeit, um uns neu kennenzulernen.

Diese Zeit ist aber irgendwie nicht vorhanden. Das solltet ihr mittlerweile festgestellt haben, wenn ihr das Buch bis hierher gelesen und nicht zwischendurch vielleicht ein Kind bekommen habt. Mein Körper hat noch kleine Gebrauchsspuren, aber ich nehme ihn auch erst mal so hin, wie er ist. Was bleibt mir auch anderes übrig? Auf dem Bauch erkennt man noch die Risse vom riiiiesigen schwangeren

Bauch. Ich habe supergroße Stillbrüste. Die fühlen sich an wie zwei Fremdkörper. Als hätte ich die Brust einer fremden Frau an mir dran. Aber mein Körper hat seinen Zweck ganz wunderbar erfüllt. Danke. My body is a wonderland. Mein Körper war neun Monate schwanger, hat meinen Sohn geboren und ihn mit Nahrung versorgt. Wie sollte ich denn also in irgendeiner Form sauer auf oder streng mit ihm sein? Also erst mal ein dickes, fettes DANKE! (Hier Applaus einblenden.) Props gehen raus an meine Schwangerschaftsstreifen, die aussehen wie ein Emoji, das mich jeden Tag im Ganzkörperspiegel anlächelt und sagt: Hey, du siehst gut aus.

Danke auch an meine Titties, die ohne viel Ärger zu machen und sich zu entzünden wunderbar Milch produziert haben und nach dem Stillen nur bis zum Bauchnabel hängen und nicht bis zum Boden runter. Hey, auch hier muss man optimistisch bleiben. Und Danke an meine Ehren-Mumu, die nach einem Scheidenriss und einem komischen Verhältnis zu Sex wieder geheilt ist. Welcome back, Mumu! Ich habe auf dich gewartet. Du hattest alle Zeit der Welt.

Für die meisten sehe ich recht bald nach der Geburt wieder ziemlich normal aus. Aber die Leute kennen mich natürlich auch nur angezogen. (Alles andere wäre ehrlich gesagt auch ganz schön merkwürdig.) Angezogen bin ich die alte Julia, vielleicht hier und da noch ein paar Schwangerschafts-Pfundies mit Windeln an, aber hey, wen stört's? Okay, okay, ganz vielleicht sind es auch ein paar Kilos mehr, denn schließlich hatte ich Schwangerschafts-Diabetes und musste natürlich direkt nach der Geburt erst mal alles in mich reinstopfen, was nur geht. Ich habe ihn vermisst, den Zucker – in all seinen Formen.

Während der Schwangerschaft habe ich natürlich viel zugenommen. Und dann habe ich nach der Schwangerschaft eine kleine Essstörung entwickelt. Ich habe wirklich jeden Tag eine Packung Butterkekse und Russisch Brot gegessen. Ich habe ganz viele Süßigkeiten heimlich gegessen, damit niemand kommentiert, wie viel Müll ich einatme. Gepaart mit viel Weißbrot und allem, bei dem sich jeder verstorbene Ernährungsexperte im Grab umdrehen würde. Meine Essphasen wurden richtig manisch. Beim Essen hatte ich ein gutes Gefühl und danach bin ich immer in ein tiefes Loch gefallen und wurde depressiv. Es gibt ja Frauen, die durchs Stillen wieder super schnell super skinny werden (so wie die von GNTM), das kann ich von mir nicht behaupten. Wie gesagt, der Zucker hatte die Kontrolle über mich, meinen Geist und meinen Körper übernommen. Die Schwangerschaftskilos und ich, wir hängen also noch eine ganze Weile aneinander. So wie eine neue Freundschaft nach einer Klassenfahrt. Vorher kannte man sich kaum, dann wird man in kürzester Zeit auf einmal super dicke miteinander und ehe man sichs versieht, ist man zurück von der Fahrt und hängt weiter zusammen ab. Wohl wissend, dass man in der »echten« Welt eigentlich gar nicht zueinander passt und die neue Freundschaft ein Verfallsdatum hat. So ist das auch mit meinen neuen extra Kilos, gerade sind wir cool miteinander, aber auf lange Sicht passen wir einfach nicht zusammen. Zu unterschiedlich, zu wenig Gemeinsamkeiten. Die Zeit wird das schon regeln ... Wenn ich lese, was ich hier schreibe, merke ich selbst, was für ein beschissenes Verhältnis ich zu meinem Körper habe. Ich bin mir bis heute sicher, dass Germanys Next Topmodel mein Körpergefühl versaut hat. Ich dachte, Glücklichsein hängt mit einem dünnen

Frauenkörper zusammen. Heute weiß ich, dass jeder fucking Körper ein wonderland ist. Wir können einfach mal Kinder produzieren und aus uns rausschießen. Okay, manche Kinder werden auch rausgeschnitten und auch das ist ein Wunder. Hallelujah! Ich singe hier und jetzt ein Loblied auf jede einzelne Frau. Auf Frauen, die keine Kinder bekommen wollen, auf Frauen, die keine Kinder bekommen können, auf Frauen, die Kinder haben wollen, aber keine Partner*innen haben, auf Frauen, die alleine Kinder bekommen und alleine erziehen, auf Frauen, die ungewollt schwanger werden und die Schwangerschaft beenden, auf Frauen, die eine kleine Geburt (Fehlgeburt) hatten, auf Frauen, die ein Sternenkind bekommen haben. Auf jede einzelne Frau. Ihr rockt und seht gut dabei aus. AMEN!

Ein paar Monate nach der Geburt nehme ich mir dann also doch mal richtig Zeit für mich und meinen Körper und checke ihn so richtig aus. Ich bin alleine zu Hause und betrachte mich nackt vor dem Spiegel von allen Seiten, die Schwangerschaftsrisse lachen mich an. Ich gucke mich im Stehen, im Sitzen, im Liegen an. Interessant ... Ich entdecke eindeutige Veränderungen. Am auffälligsten ist der Bauch. Die Haut rund um den Bauchnabel erinnert mich stark an die einer alten Frau, die sehr viel Zeit in der Sonne verbracht hat. Ohne Sonnenschutz natürlich! Sie ist dünn und faltig und super weich. Das wird aber wieder, sagt meine Hebamme, gib deinem Körper mal noch ein bisschen Zeit. Wie sagt man so schön: Der Körper braucht genauso lang, um sich zurückzubilden, wie er schwanger war. Na dann habe ich ja noch ein paar Monate, bis ich Heidi Klum ein Video von mir schicken kann. Bis dahin fasse ich weiter voller Bewunderung meinen viel zu weichen Körper an. Meine

Oberarme erinnern stark an Wackelpudding (Waldmeister natürlich!), der Po ist weich und dabei flach und ähnelt stark dem meiner Oma (Hallo, Oma!), den Brüsten geht langsam aber sicher die Milch aus. Ich bin eine leere, überweiche Hülle, die außerdem noch Haare verliert und nicht mehr ganz so viel Zeit für Körperpflege hat. Klingt nach dem perfekten Tinder-Profil. Ich bin mir sicher, ich hätte jede Menge Matches.

Meinen Freund stört die neue Julia absolut gar nicht. Das liegt vielleicht aber auch daran, dass ich ziemlich zufrieden bin und das auch ausstrahle. Und das wissen wir ja alle: Es kommt immer auf die Einstellung und die Ausstrahlung an und dann ist der Rest eh wurscht.

Wurscht? Hat jemand Wurst gesagt? Hab schon wieder Hunger ... Hmmm, Leberwurst.

Einfach chillig bleiben – Das große Finale!

Kommen wir zum großen Finale, dem Schlusswort oder Fazit oder wie auch immer wir es nennen wollen. Ich habe ein kleines Tränchen im Auge, während ich hier die letzten Zeilen schreibe. Das war eine kleine emotionale Reise mit Windeln an. Für euch hoffentlich auch, für mich in jedem Fall. Schon schräg, das erste Jahr mit Kind noch mal Kapitel für Kapitel zu durchleben. Natürlich ist das hier nur meine Sicht der Dinge und wie wir alle gelernt haben, ist jede Schwangerschaft, jede Geburt und jedes erste Jahr mit Kind komplett unterschiedlich. Aber eines haben wir alle gemeinsam: Wir müssen uns darauf einlassen. Wenn ich eins gelernt habe oder euch nur einen einzigen guten Ratschlag mit auf den Weg geben darf, dann den: Du musst akzeptieren, dass es gerade so ist, wie es ist. Sonst wird man unhappy und kämpft die ganze Zeit nur gegen sich selber, gegen Erwartungen und verpasst gleichzeitig all die schönen Dinge, die täglich passieren.

Mir passiert es manchmal immer noch, dass ich mir eine Woche vollgepackt habe mit schönen Dingen und das Kind montags krank aufwacht und somit die ganze Woche fürn Arsch ist. Natürlich rege ich mich innerlich kurz darüber auf und habe auch mal Tränen in den Augen oder heule sogar ziemlich laut und werde kurz zu einer Drama-Queen. Aber es bringt leider nichts. Schalter umstellen, Termine und Dates verschieben und im Moment bleiben. Das Baby oder Kleinkind kann ja am allerwenigsten dafür. Und wenn ich mich dann voll und ganz auf die neue Situation einstelle, kann ich sie auch wieder genießen und freue mich am Ende darüber, dass ich so viel Zeit mit meinem Kind habe. Und dieses Akzeptieren geht ja schon in der Schwangerschaft los, an einem Tag bist du das blühende Leben und am nächsten total schlappi und liegst den ganzen Tag im Bett. Dabei wolltest du doch eigentlich mit den Girls zum Brunchen gehen. Es ist egal, wirklich! Versucht echt, jeden Tag so zu nehmen wie er kommt, meistens läuft alles rund und alles ist cool und dann gibt's halt mal wieder richtige Kacktage. Die sind aber auch wichtig, denn sonst würde man an den guten Tagen ja gar nicht merken, WIE gut die sind. Außerdem wird man unglaublich dankbar für Kleinigkeiten. Danke, dass die Windel heute Nacht nicht ausgelaufen ist. Danke, dass ich doch noch ganz tief unten ein Feuchttuch gefunden haben. Danke, dass ich fünf Stunden am Stück gepennt habe. Danke, dass wir drei Wochen am Stück gesund geblieben sind. Es wird sich alles verschieben: Prioritäten, Blickwinkel und vor allem das Maß an Dankbarkeit.

Leute, es wird eine richtig wilde Fahrt. Aber sie macht verdammt viel Spaß! Ich würde es immer wieder genauso machen und freue mich für euch, falls ihr auch in den Startlöchern steht. 3, 2, 1 ... GO!